ह्यूमनिस्ट यूनिट गाइड

मनोज मलिक

Copyright © Manoj Malik
All Rights Reserved.

This book has been published with all efforts taken to make the material error-free after the consent of the author. However, the author and the publisher do not assume and hereby disclaim any liability to any party for any loss, damage, or disruption caused by errors or omissions, whether such errors or omissions result from negligence, accident, or any other cause.

While every effort has been made to avoid any mistake or omission, this publication is being sold on the condition and understanding that neither the author nor the publishers or printers would be liable in any manner to any person by reason of any mistake or omission in this publication or for any action taken or omitted to be taken or advice rendered or accepted on the basis of this work. For any defect in printing or binding the publishers will be liable only to replace the defective copy by another copy of this work then available.

क्रम-सूची

भूमिका

भारत में मानववाद को लोकप्रिय बनाने के लिए एक सहज और प्रभावशाली परियोजना की आवश्यकता है। "ह्यूमनिस्ट यूनिट" इसी तरह की परियोजना है। इसका उद्देश्य मानववाद को आम आदमी तक पहुँचाना है। अभी तक भारत में मानववाद केवल दार्शनिक अंदाज में ड्राइंग-रूम बैठकों में विचार-विमर्श तक सीमित रहा है। यह आम जनमानस से कोसों दूर है, जबकि इसकी असली जरूरत उसी को है। मानववाद भारत में गरीबी, अंधविश्वास, सांप्रदायिक उपद्रव आदि समस्याओं को हल करने में प्रभावी सिद्ध हो सकता है। मानववाद कोई कठिन दर्शन नहीं है, यह एक सीधी-सादी जीवन-दृष्टि है, कि हम सबसे पहले मनुष्य हैं, इसलिए मनुष्यता का कल्याण ही सबका सांझा उद्देश्य होना चाहिए। जाति-धर्म-भाषा-क्षेत्र के आधार पर किसी के साथ भेदभाव नहीं होना चाहिए। जरूरत है इसे समाज में लोकप्रिय करने की।

हम सब जानते हैं कि समाज-परिवर्तन में बच्चों की अहम भूमिका होती है। बच्चे ही समाज का भविष्य होते हैं। इसलिए यदि हम बच्चों को खेल-खेल में मानववाद से परिचित कराएँ तो हम अपने उद्देश्य को पूरा कर सकते हैं। कहा भी गया है:- catch them young. बच्चों को स्वतंत्र-चिंतन करने योग्य बनाने और धार्मिक अंधानुकरण (indoctrination) से बचाने के लिए इस प्रकार की मानववादी गतिविधि परमावश्यक लगती है। कुछ पाठक बच्चों की छोटी उम्र में उन पर अपने विचार थोंपने का आरोप लगा सकते हैं। सर्वप्रथम, धार्मिक पाठक यह आरोप लगाने के पात्र नहीं हैं, क्योंकि हर धर्म ने जमकर मासूम बच्चों की ब्रेनवाशिंग की है, और अभी भी कर रहे हैं, चाहे वह इस्लामी मदरसे हों, चर्च के अधीनस्थ स्कूल हों या हिंदुओं की गुरुकुल-पद्धति। जबकि मानववाद बच्चों को स्वतंत्र-चिंतक (freethinker) बनाता है। मानववादी पाठक को निश्चिंत करने के लिए मैं भारत के प्रसिद्ध मानववादी नरसिंह नारायण को उद्धृत करना चाहता हूँ। वे लिखते हैं:-

"यह लगता है कि नैतिक शिक्षा बचपन से शुरू होनी चाहिए। मेरा विचार है कि, जहाँ तक बच्चों की नैतिक शिक्षा का संबंध है, हम अनुकूलन (conditioning) से बच नहीं सकते हैं। हम चाहें या न चाहें, बच्चे का अनुकूल तो होगा; और हम केवल यह तय कर सकते हैं कि किस तरह से हम उसे अनुकूलित कर सकते हैं। अब मुझे प्रतीत होता है कि मानववादी बच्चे की स्वतन्त्रता के साथ दखलअंदाजी के खिलाफ हैं। हम चाहते हैं कि बच्चा बड़ा होकर खुद अपने विचार बनाए और चीजों बारे खुद निर्णय ले। यह सब अच्छी बात है, लेकिन मैं महसूस करता हूँ कि यह उसके दूसरों के प्रति व्यवहार पर लागू नहीं होता है, और मुझे लगता है कि, अगर बच्चे के दिमाग में दूसरों की फिक्र करने का विचार नहीं डाला जाता है, तो फिर यह बाद की अवस्था में नहीं आ सकता है। यह अवस्था गुजर जाएगी। यह लगता है कि मानववादी इसे स्पष्ट अन्तः करण के साथ कर सकते हैं।.... और मुझे ऐसा लगता है कि हम नैतिकता के संबंध में धर्मों के फैलाये बुरे प्रभावों का तब तक सामना नहीं कर सकते, जब तक हम बच्चे को उसके शुरुआती वर्षों में नहीं सँभालते और उसके दिमाग में दूसरे इन्सानों के लिए प्रेम, सहानुभूति की भावना, समझ और सहायता का रोपण नहीं करते।" (A Commonsense Humanism and Other Essays – Morality and moral education - Narsinh Narain)

इस तरह यह स्पष्ट है कि मासूम बच्चों (जितनों तक हम पहुँच सकते हैं) को धर्म के अंधानुकरण से बचाना निहायत जरूरी है। इसी के निमित्त "ह्यूमनिस्ट यूनिट" को शुरू किया गया है। यह एक घंटे का कार्यक्रम है, जो साप्ताहिक या सप्ताहांत (शनिवार-रविवार), सुविधा के अनुसार लिया जा सकता है। इसमें गीतों, चर्चाओं के साथ-साथ खेलों का अद्भुत संगम है। इसके जरिये हम बच्चों को नफरत की आंधियों से बचा सकते हैं, उन्हें प्रेम, इन्सानियत के मार्ग पर ला सकते हैं, उनके अंदर वैज्ञानिक रुझान पैदा कर सकते हैं। इस तरह हम उन्हें देश का अच्छा नागरिक बनाने में अपनी भूमिका निभाने का संतोष भी प्राप्त कर सकते हैं।

यह "ह्यूमनिस्ट यूनिट" "सर्वेषाम अविरोधेन" (किसी से टकराव नहीं) के सूत्र पर आधारित एक नितांत सकारात्मक गतिविधि है। इसका उद्देश्य बच्चों को एक "अच्छा इन्सान" बनाना है।

मनोज मलिक

2291, सेक्टर 23 सी, चंडीगढ़

मोबाइल 9463432405

ईमेल manojsanghi367@gmail.com

1

शारीरिक विभाग

आचार-पद्धति

ह्यूमनिस्ट यूनिट शुरू करने की विधि

यूनिट इंचार्ज द्वारा "ह्यूमनिस्ट सावधान" की आज्ञा बोलते ही सभी ह्यूमनिस्ट कार्यकर्ता आपस की बातचीत बंद करके सम्पत रेखा के पीछे विश्राम स्थिति में ध्वज-केंद्र की ओर मुँह करके खड़े रहेंगे।

1 ह्यूमनिस्ट सावधान

2 ह्यूमनिस्ट विश्राम (अग्रेसरों के नाम बोलकर उन्हें सूचित करना)

3 अग्रेसर

सब अग्रेसर सावधान में आएँगे, फिर चलते हुए सम्पत रेखा पर अपनी जगह आकर खड़े होंगे। वे आपस में सीध देखेंगे और फिर विश्राम में आएँगे। दो-दो कदम की दूरी पर खड़े होंगे।

4 अग्रेसर विश्राम

5 ह्यूमनिस्ट सम्पत

अग्रेसर सहित सभी सावधान मुद्रा में आएँगे। फिर परेड करते हुए अपने-अपने अग्रेसर के पीछे गणश: या गटश: लाइन में खड़े हो जाएँगे। पहले अग्रेसर विश्राम में आयेगा और फिर सब विश्राम की स्थिति में खड़े हो जाएँगे। अंत में गण इंचार्ज या गटनायक रहेंगे।

यूनिट इंचार्ज सबसे बाएँ अग्रेसर से तीन कदम आगे खड़ा होगा। यूनिट लीडर सबसे दायें अग्रेसर से तीन कदम दूरी पर खड़ा होगा। दोनों

एक-दूसरे की ओर मुँह करके खड़े होंगे। फ्लैग-कीपर यूनिट इंचार्ज के दाहिनी ओर खड़ा होगा।

6 ह्यूमनिस्ट सावधान

(फ्लैग-कीपर लघुतम मार्ग से जाकर फ्लैग लगाएगा, फ्लैग लगाकर वह फ्लैग-सैल्यूट करेगा और फिर सबसे दायें अग्रेसर के दायें तरफ दो कदम की दूरी पर आकर खड़ा होगा)

7 फ्लैग सैल्यूट 1, 2, 3

(ध्यान रहे, एक, दो तीन ये आज्ञाएँ हैं, अंकताल नहीं, इसलिए आज्ञा के बाद क्रिया होनी चाहिए।)

फ्लैग सैल्यूट इस प्रकार होना चाहिए। एक में हाथ दिल पर रखना, पाँचों उँगलियाँ मिली हुई। दो में सिर झुकाना। तीन में सिर और हाथ निकटतम मार्ग से पूर्व स्थिति में नीचे लाना।

7 संख्या

[हरेक लाइन का आखिरी ह्यूमनिस्ट (आम तौर पर गटनायक) दायीं ओर एक कदम हटकर गिनता हुआ अग्रेसर तक आएगा, और सावधान मुद्रा में उसे कुल संख्या बताएगा।]

8 विश्राम

[बाकी विश्राम स्थिति में आएँगे, संख्या देने वाले अर्धवृत करके वापिस अपने स्थान पर चले जाएँगे। अग्रेसर के साथ खड़ा फ्लैग-कीपर एक कदम आगे आकर बायें मुड़कर सभी अग्रेसरों से संख्या नोट करेगा और यूनिट इंचार्ज को बताएगा। फिर यूनिट इंचार्ज, यूनिट लीडर (या सर्वोच्च अधिकारी) को संख्या देगा।]

9 ह्यूमनिस्ट सावधान

10 ह्यूमनिस्ट विश्राम

इसके बाद गण इंचार्ज अपने-अपने गण को ले जाएँगे और कार्यक्रम (दौड़, खेल, गीत, चर्चा आदि) शुरू हो जाएँगे।

***

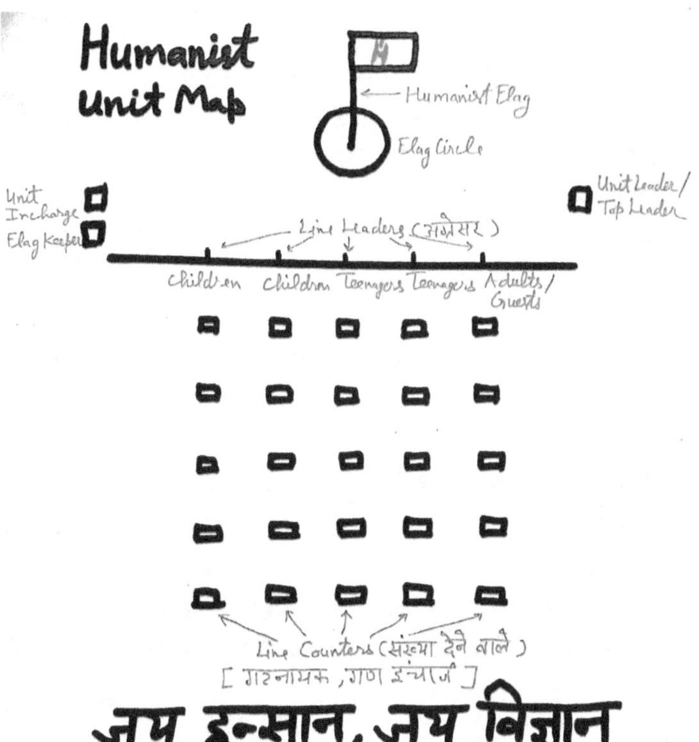

Humanist Unit

ह्यूमनिस्ट यूनिट समाप्त करने की विधि

1 ह्यूमनिस्ट सावधान
(अग्रेसरों वही रहेंगे)
   2 ह्यूमनिस्ट विश्राम
3 अग्रेसर

4 अग्रेसर विश्राम

5 ह्यूमनिस्ट सम्पत

(इस आज्ञा के तुरंत बाद अग्रेसर सावधान की स्थिति में आ जाएँगे, और बाकी सभी उनके पीछे लाइन में खड़े हो जाएँगे। फिर अग्रेसर और सब विश्राम की स्थिति में खड़े हो जाएँगे।)

6 ह्यूमनिस्ट सावधान

7 ह्यूमनिस्ट विश्राम

8 संख्या

(हरेक लाइन का आखिरी ह्यूमनिस्ट पहले खुद को गिनेगा, फिर सबको गिनता हुआ, अग्रेसर तक आएगा, और उसे लाइन की कुल संख्या बताएगा।)

9 विश्राम

[सभी विश्राम स्थिति में आएँगे, संख्या देने वाले वापिस अपने स्थान पर चले जाएँगे, अग्रेसर के साथ खड़ा एक ह्यूमनिस्ट सभी अग्रेसरों से संख्या नोट करेगा और यूनिट इंचार्ज को बताएगा। फिर यूनिट इंचार्ज, यूनिट लीडर (या सर्वोच्च अधिकारी) को संख्या देगा।]

इस समय सुविचार बोला जाएगा। सब पीछे दोहराएँगे।

10 ह्यूमनिस्ट सावधान

11 पोजीशन (या छोटी सीटी)

"जय इन्सान जय विज्ञान"

(फ्लैग-कीपर यह बोलेगा, और सभी उसके पीछे दोहराएँगे)

12 फ्लैग सैल्यूट 1, 2, 3

(इसे यूनिट इंचार्ज बोलेगा और सभी फ्लैग सैल्यूट करेंगे। इसके बाद फ्लैग-कीपर फ्लैग (ध्वज) उतारेगा और सबसे दायें अग्रेसर के दायीं तरफ आकर खड़ा होगा।)

13 ह्यूमनिस्ट डिस्पर्स (दाईं तरफ मुड़कर मन ही मन में 1, 2, 3 बोलकर अपना स्थान छोड़ देना। यूनिट लीडर, और यूनिट इंचार्ज नहीं मुड़ेंगे।)

*

*

विलंब से आने वाले ह्यूमनिस्ट

यदि कोई ह्यूमनिस्ट देर से आता है तो वह सर्वोच्च अधिकारी की अनुमति लेकर, फ्लैग सैल्यूट करके यूनिट में मिल सकता है। इसी तरह यदि कोई ह्यूमनिस्ट यूनिट-समाप्ति से पहले जाना चाहता है तो यूनिट लीडर की अनुमति लेकर, फिर फ्लैग सैल्यूट करके जा सकता है।

ध्वज विलंब से आने पर

अगर यूनिट में ध्वज विलंब से आया है तो यूनिट इंचार्ज "ह्यूमनिस्ट फ्लैग-सम्मुख" की आज्ञा देगा, सभी ह्यूमनिस्ट ध्वज की ओर मुँह करके सावधान की मुद्रा में खड़े होंगे, फ्लैग लगने के बाद फ्लैग-सैल्यूट होगा, फिर यूनिट इंचार्ज "जैसे थे" की आज्ञा देगा।

***

ह्यूमनिस्ट यूनिट के विभिन्न दायित्व

यूनिट-टोली

1 यूनिट लीडर:- यूनिट क्षेत्र का प्रमुख, यूनिट इंचार्ज और यूनिट टोली का ध्यान रखना, उनका विकास करना, अभिभावकों से संपर्क व संवाद रखना। ह्यूमनिस्ट यूनिट को मुहल्ले से जोड़ना और मुहल्ले को यूनिट से जोड़ना यूनिट लीडर का मुख्य काम होता है।

2 यूनिट इंचार्ज:- यूनिट टोली का विकास करना, 60 मिनट के कार्यक्रमों का संचालन करना (यूनिट लगाना और सम्पत करना), इसकी आज्ञा पर सब काम करेंगे। यूनिट की सूची बनाना, यूनिट लीडर के साथ मिलकर योजना बनाना। गट-व्यवस्था और गण-व्यवस्था को विकसित करना।

3 गण इंचार्ज:- जैसा कि नाम से ही स्पष्ट है:- अपने गण का इंचार्ज। यूनिट स्थान पर अपने गण को संचालित करना (खेल करना और अन्य कार्यक्रम करवाना)

4 गटनायक:- अपने गट (सूची) के ह्यूमनिस्टों का प्रमुख, उनकी देखरेख, घर जाकर मिलना, उन्हें यूनिट में लाना। परिवार के सुख-दुख में सहभागी होना। क्षेत्र के प्रत्येक घर से संपर्क स्थापित करना और प्रत्येक घर से ह्यूमनिस्ट कार्यकर्ता बनाना गटनायक का मुख्य काम है। हर यूनिट में तीन से चार गटनायक बनाए जा सकते हैं। ये कार्यकर्ता

यूनिट टोली के सदस्य होते हैं। यूनिट लीडर गटनायकों का और यूनिट इंचार्ज गण-इंचार्जों का विकास करेगा।

अन्य दायित्व

5 अग्रेसर:- लाइन में सबसे आगे खड़े होंगे

6 संख्या लेने वाले:- लाइन में सबसे पीछे खड़े होंगे, यह काम आम तौर पर गटनायक को दिया जाता है, ताकि उसे अपने गट की उपस्थिति का पता रहे।

7 ध्वज-वाहक:- यह यूनिट इंचार्ज के दाईं ओर खड़ा होगा, ध्वज लगाकर वह सबसे दाईं ओर के अग्रेसर के दाईं ओर जाकर खड़ा होगा। फिर संख्या के बाद अग्रेसरों से संख्या लेकर उसे जोड़ कर यूनिट इंचार्ज को बताएगा। यूनिट समाप्ति पर भी ऐसे ही करेगा। संख्या का जोड़ और ध्येय-वाक्य "जय इन्सान जय विज्ञान" बोलेगा, सब पीछे दोहराएँगे।

इसके अलावा भी जरूरत के अनुसार "यूनिट पेट्रन" आदि अनेक दायित्व सृजित किए जा सकते हैं। इस तरह से ह्यूमनिस्ट यूनिट एक टीम-वर्क है। सभी अपने-अपने काम को ठीक से करेंगे तभी यूनिट अपने सदस्यों में अनुशासन, सहयोग, नेतृत्व-कौशल, अच्छे नागरिक गुणों का विकास और संवर्धन कर पाएगी।

***

एक घंटे की कार्य-योजना

5 मिनट – यूनिट प्रारम्भ करना

5 मिनट – वार्म अप

25 मिनट – खेल

10 मिनट – परेड/योग/जूडो-कराटे/विज्ञान के करतब (प्रत्येक वीकेंड पर बदल-बदल कर)

10 मिनट – बैठक (गीत, चर्चा आदि)

5 मिनट – यूनिट समाप्त करना

* इस योजना में आवश्यकता अनुसार थोड़ा-बहुत बदलाव किया जा सकता है।

आओ खेलें खेल

खेलों का हमारे जीवन में अहम स्थान होता है। खेलों से हमारी दिनभर की थकान छू-मंत्र हो जाती है। बच्चों के लिए तो खेल विशेष आकर्षण का केंद्र होते हैं। बच्चे खेल खेलते हुए अपनी सुध-बुध खो बैठते हैं। उनका सारा ध्यान खेल में लगा रहता है। खेलों से हमारा मनोरंजन तो होता ही है, इनसे हमारा सहजता से व्यायाम भी हो जाता है।

हम खेल-खेल में अनेक गुण बिना किसी विशेष प्रयत्न के सीखते चले जाते हैं, जैसे:- मेहनत करना, जीत के लिए जी-तोड़ कोशिश करना, मिलकर काम करना, हार को सहन करना, जीत में भी होश में रहना, सजगता, फुर्ती से काम करना आदि। खेल-खेल में बच्चों का अच्छा व्यायाम हो जाता है। उनका कद बढ़ता है, अच्छी भूख लगती है। बालकों में संघर्ष करने की आदत भी बनती है। ये बातें जिंदगी में बहुत काम आती हैं।

हम ह्यूमनिस्टों के लिए तो खेलों का और अधिक महत्व है, क्योंकि हम "मृत्यु बाद जीवन" में यकीन नहीं करते और इस जीवन में, यहीं और अभी (Here & Now) खुशियों की तलाश करते हैं। हमें खेलों से बेहतर खुशी किस बात में मिल सकती है? खेल हमारे ह्यूमनिस्ट स्टडी सेंटर, ह्यूमनिस्ट मासिक बैठकों का विशेष आकर्षण होते हैं। इससे हँसी-खुशी का वातावरण निर्मित हो जाता है। प्रस्तुत पुस्तिका में आयोजकों की सुविधा के लिए कुछ प्रमुख खेलों का विवरण दिया गया है। इन खेलों में किसी विशेष इंतजाम की जरूरत नहीं होती है, बस एक गोला खींचो और खेल शुरू। खेलों के द्वारा हमें भविष्य के कार्यकर्ता प्राप्त होते हैं। यह खेलों का अतिरिक्त लाभ हमारे ध्यान में होना चाहिए।

अतः इनका संचालन बड़ी कुशलता से किया जाना बहुत आवश्यक है। आशा है मानववादी कार्यकर्ता इस पुस्तिका का लाभ उठाएँगे और खेलों के कुशल संचालन से इस मानववादी आंदोलन को जनांदोलन बनाने की ओर अग्रसर होंगे। तो देर किस बात की है, खेल शुरू....

मनोज मलिक

खेल-परिचय

दौड़ें

सीधी दौड़, उल्टी दौड़, जोड़ी दौड़, लंगड़ी दौड़, कंगारू दौड़, बिच्छू दौड़, हनुमान कूद, नींबू-चम्मच दौड़, बोरी-दौड़, ठेला दौड़

मंडल के ऊपर

* संख्या पर काम:- सब खिलाड़ी मंडल पर खड़े होंगे। शिक्षक के 1 बोलने पर दौड़ना 2 पर बैठना 3 कहने पर, जो कर रहे हैं, वही करते रहना (दौड़ रहे हैं तो दौड़ते रहना, बैठे हुए हैं तो बैठे रहना) 4 कहने पर जो कर रहे हैं, उसका उल्टा करना। (दौड़ रहे हैं तो विपरीत दिशा में दौड़ना, बैठे हैं तो भी विपरीत दिशा में बैठना) जो गलती करेगा, वह आऊट होता जाएगा। जो अंत तक रहेगा, वह विजयी होगा।

* गुट बनाओ:- सब खिलाड़ी मंडल पर खड़े होंगे। शिक्षक के शुरू कहते ही सब मंडल पर दौड़ना शुरू करेंगे। अचानक शिक्षक कोई संख्या बोलेगा, और सभी जल्दी से उतनी संख्या के समूह में खड़े हो जाएँगे। जैसे:- शिक्षक बोलेगा 3, तो तीन-तीन के समूह में खिलाड़ी खड़े हो जाएँगे। जो गुट से बाहर होंगे, वे आऊट माने जाएँगे।

* मूर्ति:- सब खिलाड़ी मंडल पर दायीं ओर मुँह करके खड़े होंगे। शिक्षक के शुरू कहते ही सब दौड़ना शुरू कर देंगे। शिक्षक कुछ नारे बुलाएगा। जैसे "तर्क से तरक्की", "बोलो जय हिन्द", "जय इन्सान जय विज्ञान" आदि। फिर अचानक वह कहेगा "मूर्ति" सब स्थिर खड़े हो जाएँगे। जो हिलता हुआ पाया जाएगा, वह आऊट हो जाएगा। इसी तरह खेल चलता रहेगा।

* मूर्ति-2:- इसमें शिक्षक "मूर्ति" की जगह पर कह सकता है:- नेताजी, गाँधी जी या भगतसिंह। सभी इनकी मुद्रा में खड़े हो जाएँगे। (नेताजी -सैल्यूट मुद्रा, गाँधी जी- लाठी पकड़ने की मुद्रा और भगतसिंह- पिस्तौल

चलाते हुए की मुद्रा) जो हिलता हुआ पाया जाएगा, वह आऊट हो जाएगा। इसी तरह खेल चलता रहेगा। शिक्षक इनकी जगह कोई और नायक भी रख सकता है।

* मंडल खो:- मंडल में खिलाड़ी आगे-पीछे मुँह करके बैठ जाएँगे। एक खिलाड़ी किसी दूसरे दल के खिलाड़ियों को पकड़ेगा। पकड़ने वाला या तो खुद पकड़ने की कोशिश करेगा, या फिर वह किसी दूसरे को "खो" देगा। जिसे खो मिली, वह अपने मुँह की दिशा में ही दौड़कर पकड़ेगा। तय समय बाद दूसरे दल की बारी आएगी। अंत में जिस दल का स्कोर अधिक होगा, वह दल विजयी माना जाएगा।

* उल्टी खो:- इसमें जिसको खो मिलेगी, वह बचकर भागेगा।

* लाठी घुमाना:- सब खिलाड़ी मंडल पर खड़े होंगे। शिक्षक पहले धीरे-धीरे जमीन पर लाठी घुमाएगा। जिस-जिस के पैर में लाठी लगेगी, वो-वो आऊट हो जाएगा। फिर शिक्षक धीरे-धीरे लाठी ऊपर उठाता जाएगा। जो अंत में बचेगा, वह विजयी रहेगा।

* लाठी पकड़ाना:- सब खिलाड़ी मंडल पर खड़े होंगे। एक खिलाड़ी के हाथ में लाठी रहेगी। शिक्षक के "शुरू" कहते ही वह लाठी दूसरे को देगा। इसी तरह अगले खिलाड़ियों को लाठी दी जाएगी। अचानक शिक्षक "रूको" (Stop) बोलेगा। जिसके भी हाथ में उस समय लाठी होगी, वह आऊट हो जाएगा। शिक्षक के शुरू कहते ही खेल पुनः प्रारंभ होगा। जो अंत में बचेगा, वह विजयी रहेगा।

* नमस्ते जी:- सब खिलाड़ी मंडल पर दायीं ओर मुँह करके बैठे होंगे। एक खिलाड़ी घूमता-घूमता अचानक किसी की पीठ पर हाथ रखेगा, और तेजी से आगे बढ़ेगा। जिसकी पीठ पर हाथ रखा गया, वह विपरीत दिशा में भागेगा। दोनों जहाँ पर मिलेंगे, वहाँ एक बैठक लगाकर एक दूसरे को "नमस्ते जी" कहेंगे। इसके बाद जल्दी से उस जगह पर पहुँचने की कोशिश करेंगे, जहाँ से दोनों की रेस शुरू हुई थी। जो पहले पहुँच जाएगा, वह बैठ जाएगा। जो बाद में आएगा, वह किसी और की पीठ पर हाथ लगाएगा। इसी तरह खेल चलता रहेगा।

* चंदन:- सब खिलाड़ी मंडल पर दायीं ओर मुँह करके बैठे होंगे। एक खिलाड़ी घूमता-घूमता अचानक किसी की पीठ पर हाथ रखकर कहेगा,

"चंदन" और उसकी जगह पर बैठ जाएगा। जिसे चंदन मिला है, वह अपने से आगे वाले को मुक्के मारेगा। जो मुक्के खा रहा है, वह जल्दी से जल्दी एक चक्कर पूरा करके अपनी जगह पर आकर बैठेगा। फिर इसके बाद मुक्के मारने वाला किसी और को चंदन देगा। इस तरह खेल चलता रहेगा।

* **लंगड़ी कबड्डी:-** सब खिलाड़ी मंडल पर खड़े होंगे। एक मंडल के अंदर होगा। शिक्षक मंडल पर खड़े खिलाड़ियों में से एक को उसे पकड़ने के लिए कहेगा। एक टाँग पर, एक साँस में "कबड्डी-कबड्डी" बोलते हुए पकड़ना है। अगर वह नहीं पकड़ पाया तो अगला खिलाड़ी पकड़ेगा। अगर उसने पकड़ लिया तो फिर वह मंडल के अंदर रहेगा, और अगला खिलाड़ी उसे पकड़ेगा। इसी तरह खेल चलता रहेगा। मंडल का आकार इतना होना चाहिए कि आसानी से पकड़ा न जा सके, थोड़ा-सा संघर्ष करना पड़े। तभी खेल में आनंद आ पाता है।

भैया तुम कहाँ, मैं यहाँ:- सब खिलाड़ी मंडल पर खड़े होंगे। एक मंडल के अंदर होगा। शिक्षक मंडल पर खड़े खिलाड़ियों में से एक को उसे आँख बंद करके पकड़ने के लिए कहेगा। वह बोलेगा ,"भैया तुम कहाँ", वह जवाब देगा "मैं यहाँ", उसकी आवाज से अंदाजा लगाकर वह उसे पकड़ने की कोशिश करेगा।

* **लंगड़ी छू:-** मंडल के अंदर एक पैर से दौड़ते हुए सबको छूकर आऊट करेगा।

* **अंधा छू:-** आँखों पर पट्टी बाँध कर मण्डल में छूना

* **जिसकी लाठी उसकी भैंस:-** सभी एक लाईन में या मंडल में खड़े होंगे। उनके दस कदम दूर लाठियाँ रखी होंगी। एक-दो लाठियाँ कम होंगी। शिक्षक 10 तक गिनती बोलेगा। उसके बाद सब भागकर एक-एक लाठी उठाएंगे। जिसे लाठी नहीं मिलेगी, वह आऊट माना जाएगा।

* **लाठी पकड़ो:-** सब मंडल पर खड़े होंगे। सबको एक संख्या दी जाएगी। शिक्षक लाठी लेकर केंद्र में खड़ा होगा। शिक्षक कोई संख्या पुकार कर लाठी छोड़ेगा, लाठी गिरने से पहले पकड़नी है। जो असफल होगा, वह आऊट माना जाएगा।

* एक साँस में चक्कर लगानाः- जिसके अधिक चक्कर होंगे, वह विजयी होगा।

मंडल के अंदर

* सिर छू (बिगड़ा बैल):- सभी खिलाड़ी मंडल में खड़े होंगे। एक मंडल से बाहर होगा। वह अपने हाथ पीछे बांधकर अपने सिर से छूकर आऊट करेगा। जो अंत में बचेगा, वह विजयी रहेगा। अगली बार वह बिगड़ा बैल बन सकता है।

* गणेश छू (हाथी की सूंड):- सभी खिलाड़ी मंडल में खड़े होंगे। एक मंडल से बाहर होगा। वह अपने एक हाथ से नाक पकड़ेगा, और दूसरा हाथ उसके अंदर से निकाल कर उससे दूसरों को छूकर आऊट करेगा। जो अंत में बचेगा, वह विजयी रहेगा। अगली बार वह गणेश बन सकता है।

* मेंढक छू:- सभी खिलाड़ी मंडल में खड़े होंगे। एक मंडल से बाहर होगा। वह बैठकर मेंढक की तरह से उछल-उछलकर उन्हें आऊट करेगा। जो अंत में बचेगा, वह विजयी रहेगा।

* घुटना छू:- सभी खिलाड़ी मंडल में खड़े होंगे। एक मंडल से बाहर होगा। वह एक हाथ घुटने पर रखकर दूसरों को छूकर आऊट करेगा। जो अंत में बचेगा, वह विजयी रहेगा।

* शेर-बकरी:- सब खिलाड़ी मंडल पर खड़े होंगे। एक मंडल के अंदर रहेगा। वह बकरी है, इसे बचाना है। एक खिलाड़ी मंडल के बाहर रहेगा, यह शेर होगा। शेर बकरी को पकड़ने की कोशिश करेगा। अगर वह मंडल में घुसने में कामयाब हो जाता है तो तुरंत बकरी को बाहर निकाल देना है। अगर शेर मंडल से बाहर निकल आता है तो बकरी को अंदर ले आना है। जब शेर थक जाए तो किसी और को शेर बनाया जा सकता है। अगर शेर बकरी को पकड़ ले तो खेल उलट जाएगा। अब शेर बकरी बन जाएगी और बकरी शेर बन जाएगी।

* किसान-लोमड़ी:- सब खिलाड़ी मंडल पर बैठे होंगे। एक मंडल के अंदर रहेगा। वह लोमड़ी है। एक खिलाड़ी बाहर रहेगा, वह किसान है। शिक्षक के "शुरू" कहते ही, लोमड़ी एक बैठक और किसान तीन बैठकें लगाएगा।

फिर किसान लोमड़ी को पकड़ने की कोशिश करेगा। लेकिन एक शर्त है। लोमड़ी जो-जो उछल-कूद करेगी, वह करके ही किसान लोमड़ी को पकड़ सकता है। अगर किसान लोमड़ी को पकड़ ले तो खेल उलट जाएगा। अब किसान लोमड़ी बन जाएगी और लोमड़ी किसान बन जाएगा।

* **विष-अमृत:-** एक को छोड़कर सब खिलाड़ी मंडल के अंदर रहेंगे। खेल शुरू होते ही बाहर वाला खिलाड़ी (राक्षस) मंडल में आएगा और सबके सिर पर हाथ रख कर "विष" बोलेगा। बैठी अवस्था में जो विष के प्रभाव में जो आएँगे, वे वहीं मूर्छित हो जाएँगे। जिसको खड़े-खड़े विष मिलेगा, वह आऊट हो जाएगा। खिलाड़ी राक्षस से बचते हुए अपने साथियों के सिर पर हाथ रखकर "अमृत" बोलेंगे। इससे उनकी मूर्छा टूट जाएगी और वे भाग-दौड़ सकेंगे।

* **भस्मासुर:-** सब खिलाड़ी मंडल के अंदर रहेंगे। खेल शुरू होते ही एक-दूसरे के सिर पर हाथ रखकर "भस्म" बोलकर आऊट करेंगे। एक से एक ही भिड़ेगा। जो अंत में बचेगा, वह विजयी होगा।

* **चरण-स्पर्श:-** सब खिलाड़ी मंडल के अंदर रहेंगे। खेल शुरू होते ही एक-दूसरे के पैर छूकर आऊट करेंगे। एक से एक ही भिड़ेगा। जो अंत में बचेगा, वह विजयी होगा।

* **गर्दन-युद्ध:-** सभी खिलाड़ी मंडल के अंदर रहेंगे। एक हाथ से अपनी गर्दन को मजबूती से पकड़ कर रखेंगे। इस स्थिति में खेल शुरू होगा। एक से एक ही भिड़ेगा, और प्रत्येक खिलाड़ी दूसरे खिलाड़ी की गर्दन से हाथ छुड़ाने, या मंडल से बाहर खदेड़ने की कोशिश करेंगे। जो अंत में बचेगा, वह विजयी घोषित होगा।

* **कंधा-युद्ध:-** सभी खिलाड़ी मंडल के अंदर रहेंगे। स्थिति, सभी खिलाड़ी अपने हाथ पीछे बाँध लेंगे। खेल शुरू होते ही एक-दूसरे को कंधे से धकेलते हुए स्थिति बिगाड़ने या मंडल से बाहर निकालने की कोशिश करेंगे। गर्दन-युद्ध की ही तरह इसमें भी एक से एक खिलाड़ी ही भिड़ेगा। जो अंत में बचेगा, वह विजयी घोषित होगा।

*

दो दलों के खेल

* **टैंक-युद्धः-** दो दल आपस में गोला बनाकर एक मजबूत टैंक का रूप धारण करेंगे। शिक्षक दोनों को एक-एक जयकारा देगा। दोनों टैंक अपने-अपने जयकारे बोलते हुए आगे बढ़ेंगे और एक-दूसरे से टकराएँगे। जो टैंक दूसरे को पीछे हटने या तोड़ने में कामयाब रहेगा, वह विजयी रहेगा। इस खेल में बहुत मजा आता है, लेकिन संघर्ष के कारण बटन टूटना और छोटी-मोटी चोटें भी लग सकती हैं।

* **कद्दू की बेलः-** इसमें दो दल होंगे। बारी-बारी से हरेक दल "कद्दू की बेल" बनेगा। दल के सभी सदस्य पीठ जोड़कर, पैर बाहर की ओर निकाल कर बैठेंगे। शिक्षक के "शुरू" कहते ही दूसरा दल उन पर हमला करेगा, और ज्यादा से ज्यादा कद्दू तोड़ने की कोशिश करेगा, यानी कि खिलाड़ियों को खींचकर अलग करने की कोशिश करेगा। तय समय के बाद दूसरा दल "कद्दू की बेल" बनेगा। जिस दल ने ज्यादा कद्दू तोड़े, वह दल विजयी माना जाएगा। इस खेल में भी संघर्ष होने के कारण, चोटें लग सकती हैं, लेकिन आनंद भी बहुत आता है।

   * **गुरु-चेलाः-** दो दल होंगे। दोनों को निश्चित समय तक दूसरे दल पर धावा बोलकर उनके किसी खिलाड़ी को उठाना है, और उसके जमीन छुए बिना अपने गुरु के पास ले जाकर उसका आशीर्वाद दिलाना है। जितने खिलाड़ियों को आशीर्वाद दिलाया, उतने अंक होंगे। फिर दूसरा दल खेलेगा। अंत में जिसके अंक अधिक होंगे, वह दल विजयी होगा।

* **खो-खोः-** एक दल के खिलाड़ी एक लाईन में आगे-पीछे मुँह करके बैठ जाएँगे। एक खिलाड़ी किसी दूसरे दल के खिलाड़ियों को पकड़ेगा। पकड़ने वाला या तो खुद पकड़ने की कोशिश करेगा, या फिर वह किसी दूसरे को "खो" देगा। जिसे खो मिली, वह अपने मुँह की दिशा में ही पकड़ेगा। तय समय बाद दूसरे दल की बारी आएगी। अंत में जिस दल का स्कोर अधिक होगा, वह दल विजयी माना जाएगा।

* **कबड्डीः-** इस खेल में दो दल होंगे। सीमा का रेखांकन करके बारी-बारी से दोनों दलों से खिलाड़ी कबड्डी डालने हम आएंगे। मध्य-रेखा से साँस

शुरू करना है और मुँह से "कबड्डी-कबड्डी" भी बोलना है। वह जितने खिलाड़ियों को छूकर मध्य-रेखा पर वापस आ जाएगा, उतने ही अंक टीम को मिलेंगे। फिर दूसरी टीम का खिलाड़ी इसी तरह कबड्डी डालेगा। अंत में जिस दल का स्कोर अधिक होगा, वह दल विजयी माना जाएगा। परिस्थिति के अनुसार केवल अंक वाली कबड्डी भी हो सकती है और मरने और पुनर्जीवित वाली कबड्डी भी हो सकती है। इस खेल में नौजवानों को बहुत आनंद आता है। प्रतिदिन खेलने पर भी खिलाड़ी ऊबते नहीं हैं। इससे उनमें सूझबूझ, युक्ति-प्रयोग, सतर्कता और टीम-भावना आदि गुणों का अपने आप विकास होता है।

* ताला-चाबी:- इसमें शिक्षक दो दल बनाएगा। दोनों दलों कुछ दूरी पर साथ-साथ खड़े होंगे। खेल शुरू होते ही प्रत्येक दल का पहला खिलाड़ी घूमकर, नीचे से निकलकर सभी को ताले में बंद करेगा। फिर ताला खोलने की प्रक्रिया करेगा। जो दल पहले ये काम कर लेगा वह विजयी घोषित होगा।

* सीमा-उल्लंघन:- इसमें शिक्षक दो दल बनाएगा। दोनों दलों को पर्याप्त दूरी पर लाईन खींचकर आमने-सामने खड़ा किया जाएगा। खेल शुरू होते ही खिलाड़ी अपनी सीमा से आगे पैर रखकर सीमा का उल्लंघन करेंगे। इस तरह से वे परस्पर चुनौती पेश करेंगे। सीमा है उल्लंघन करने वालों को विरोधी टीम के खिलाड़ी पैर पकड़कर अपनी तरफ खींचने की कोशिश करेंगे। पूरा खींच लेने पर वह आऊट हो जाएगा। इस तरह खेल चलता रहेगा।

* रस्साकस्सी (शक्ति परिचय):- इसमें शिक्षक दो दल बनाएगा। दोनों दलों को पर्याप्त दूरी पर आमने-सामने खड़ा किया जाएगा। खेल शुरू होते ही दोनों दल रस्सी को अपनी-अपनी ओर खींचेंगे। जो दल रस्सी खींच लेगा वह विजयी घोषित किया जाएगा।
इसे लाठी के साथ भी खेल सकते हैं।

   * रुमाल संभालो:- दो दलों का खेल, रुमाल में गाँठ लगाकर गेंद की तरह अपने दल के साथी की ओर फैंकना, शिक्षक के सीटी बजाने पर जिस दल के पास रुमाल होगा, वह दल विजयी घोषित होगा।

* तीन ताली:- इसमें शिक्षक दो दल बनाएगा। दोनों दलों को पर्याप्त

दूरी पर आमने-सामने खड़ा किया जाएगा। फिर एक दल के खिलाड़ी बारी-बारी से आएँगे और तीन ताली दूसरे दल के खिलाड़ियों की हथेली पर लगाएँगे। जिसे तीसरी ताली लगेगी, वह पकड़ने के लिए भागेगा। अगर पकड़ लिया तो अंक उसके दल को मिलेगा। अगर नहीं पकड़ पाया तो अंक विरोधी दल को मिलेगा। फिर दूसरे दल के खिलाड़ी तीन ताली मारेंगे। अंत में जिस दल का स्कोर अधिक होगा, वह दल विजयी माना जाएगा।

* रुमाल झपट्टाः- इसमें शिक्षक दो दल बनाएगा। दोनों दलों को पर्याप्त दूरी पर आमने-सामने खड़ा किया जाएगा। शिक्षक दोनों दलों के खिलाड़ियों को अंक देगा। बीच में एक गोले में रूमाल (या जूता-चप्पल) रखा होगा। शिक्षक कोई अंक बोलेगा। दोनों दलों से उस अंक के खिलाड़ी भागते हुए आएँगे और दूसरे खिलाड़ी से बचते हुए रूमाल उठाकर अपने दल तक सुरक्षित आने की कोशिश करेंगे। गोले में किसी खिलाड़ी का पैर नहीं आना चाहिए। अंत में जिस दल का स्कोर अधिक होगा, वह दल विजयी माना जाएगा।

* आठा दौड़ः- इसमें शिक्षक दो दल बनाएगा। दोनों दलों को पर्याप्त दूरी पर आमने-सामने खड़ा किया जाएगा। खेल शुरू होते ही दोनों दलों के विपरीत छोर का खिलाड़ी दौड़ लगाएगा। वह दूसरे दल के पीछे से दौड़कर 8 की आकृति में अपना चक्कर पूरा करेगा। फिर उसके साथ वाला खिलाड़ी यही काम करेगा। जो दल पहले चक्कर लगा लेगा, वह विजयी रहेगा।

* गंगा-स्नान-1ः- इसमें शिक्षक दो दल बनाएगा। दोनों दलों साथ-साथ खड़े होंगे। खेल शुरू होते ही प्रत्येक दल का पहला खिलाड़ी निश्चित स्थान तक भागेगा, और फिर वहाँ एक बैठक लगाएगा। यह गंगा-स्नान है। गंगा-स्नान करने के बाद वापस आकर अपने साथी को ताली देकर लाईन के पीछे खड़ा हो जाएगा। फिर उसका साथी भागेगा और यह काम करके अगले ही साथी को ताली देकर लाईन के पीछे लग जाएगा। जो दल पहले काम कर लेगा, वह दल विजयी रहेगा।

* गंगा-स्नान-2ः- इसमें शिक्षक दो दल बनाएगा। दोनों दलों साथ-साथ खड़े होंगे। खेल शुरू होते ही प्रत्येक दल का पहला खिलाड़ी निश्चित

स्थान तक भागेगा। यह गंगा-स्नान है। फिर वह वापस आकर दूसरे साथी को गंगा-स्नान के लिए लेकर जाएगा। फिर दोनों तीसरे साथी को लेकर जाएँगे। इस तरह से एक जंजीर बनेगी। जो दल पहले काम कर लेगा, वह दल विजयी रहेगा।

* गंगा-स्नान-3:- इसमें शिक्षक दो दल बनाएगा। दोनों दलों साथ-साथ खड़े होंगे। खेल शुरू होते ही प्रत्येक दल का पहला खिलाड़ी निश्चित स्थान तक भागेगा। यह गंगा-स्नान है। फिर वह दूसरे साथी को पीठ पर उठाकर ले जाएगा, पीठ पर उठाकर ले जाने वाला वहीं रुकेगा। दूसरा वापस आएगा और अगले साथी को पीठ पर उठाकर ले जाएगा। फिर वह वहीं रुक जाएगा। जो दल पहले काम कर लेगा, वह दल विजयी रहेगा।

मैदान के खेल

* मैं बहुत शक्तिशाली:- सभी खिलाड़ी दो समूहों में आमने-सामने मुँह करके खड़े हो जाएँगे। किसी एक समूह से एक खिलाड़ी आएगा और तीन बार बोलेगा, "मैं बहुत शक्तिशाली", जवाब में बाकी बोलेंगे, "नहीं, नहीं, नहीं" फिर वह दोनों समूहों के बीच में से गुजरेगा। सभी उसकी पीठ पर मुक्के लगाएँगे। वह अपनी लाईन के आखिरी छोर पर जाकर खड़ा हो जाएगा। अगली बारी में दूसरे समूह से खिलाड़ी आएगा। इसी तरह खेल चलता रहेगा।

* जंजीर:- दो खिलाड़ी एक-दूसरे का हाथ पकड़कर शेष खिलाड़ियों को छूने का प्रयास करेंगे। जो छुआ जाएगा, वह उनकी जंजीर में शामिल हो जाएगा, फिर तीनों मिलकर शेष खिलाड़ियों को छूने का प्रयास करेंगे। इस तरह जंजीर लंबी होती चली जाएगी।

* ह्यूमनिस्ट बनाना:- दो बच्चे हाथ पकड़कर दौड़ेंगे तथा किसी तीसरे को पकड़ेंगे। उसके प्रतिरोध के बावजूद बलपूर्वक उसे अपने हाथों के बीच से निकाल कर कहेंगे – "ह्यूमनिस्ट"। ऐसे ही वे एक और को भी ह्यूमनिस्ट बनाएँगे, ये दोनों मिलकर पहली टोली के साथ-साथ ही ह्यूमनिस्ट बनाने का काम शुरू कर देंगे। इस तरह ह्यूमनिस्ट बनाने

वाली टोलियाँ बढ़ती जाएँगी तथा थोड़े समय में सब ह्यूमनिस्ट बन जाएँगे।

* **मैं उपस्थितः-** यह खुले मैदान का खेल है, फिर भी मैदान की सीमाएँ तय कर लेनी चाहिए। शिक्षक सबको अंक देगा। फिर जो भी अंक वह बोलेगा, उसने हाथ ऊपर करके कहना है, "मैं उपस्थित" सभी उसे मुक्के लगाएँगे। फिर शिक्षक कोई दूसरा अंक बोलेगा। जिसका अंक है, वह भी "मैं उपस्थित" बोलेगा। सभी उसे मुक्के लगाएँगे। इसी तरह से खेल चलता रहेगा।

* **मैं शिवाजीः-** कोई एक खिलाड़ी शिवाजी बनेगा। एक दूसरा खिलाड़ी उसे पकड़ेगा। बाकी के खिलाड़ियों में से कोई उनके बीच से गुजरकर "मैं शिवाजी" कहेगा। अब पकड़ने वाला उसे पकड़ेगा। जब वह पकड़ लेगा तो, खेल उलट जाएगा। अब जो पकड़ रहा था, वह शिवाजी बनेगा और जो पहले शिवाजी बना था, वह पकड़ेगा।

* **लड्डू-बर्फी-रसगुल्लाः-** इसमें शिक्षक तीन अलग-अलग जगह निर्धारित करेगा, एक जगह लड्डू हैं, दूसरी जगह बर्फी हैं और तीसरी जगह पर रसगुल्ले हैं। शिक्षक अचानक किसी एक मिठाई का नाम बोलेगा। सभी खिलाड़ी उस स्थान को हाथ लगाकर आएँगे। जो पहले शिक्षक के पास आएगा, वह विजयी रहेगा। फिर शिक्षक किसी और मिठाई का नाम लेगा। इसी तरह से खेल चलता रहेगा।

खड़े-खड़े आराम वाले खेल

आकाश-पाताल-धरतीः- इसमें शिक्षक सभी को एक लाइन में खड़े करेगा। आकाश कहने पर दोनों हाथों को ऊपर उठाना है। शिक्षक के आकाश कहने पर नीचे झुकना है और धरती कहने पर दोनों हाथ कमर पर रखकर सीधा खड़ा होना है। जो गलती करेगा वह आउट होता रहेगा।

नीर-तीर-खीरः-इसमें शिक्षक सभी को एक लाइन में खड़े करेगा। सभी कमर पर हाथ रखकर खड़े होंगे। नीर कहने पर पैर मिलाकर एक कदम आगे उछलना है और तीर कहने पर पीछे उछलना है। खीर कहने

पर बिलकुल हिलना नहीं है। जो गलती करेगा वह आउट होता रहेगा।

रामू भैया,जय बजरंगी:- सभी खिलाड़ी एक लाइन में खड़े होंगे। शिक्षक के रामू भैया कहने पर सभी एक बैठक लगाएँगे और जय बजरंगी कहने पर ऊपर हाथ रखेंगे, जो गलती करेगा वह आउट होता रहेगा।

मत चूको चौहान:- सभी केंद्र से 8 या 10 कदम (मैदान के अनुसार) गिनकर मण्डल में खड़े हो जाएंगे। बीच में एक चप्पल या पत्थर रख देंगे। एक-एक करके सभी खिलाड़ी आँखें बंद करके आएँगे और वस्तु को छूने की कोशिश करेंगे, हाथ फिराकर टटोलना मना है।

शतरंज के मोहरे:- सभी खिलाड़ी मण्डल में समान दूरी पर खड़े होंगे।बीच में एक चप्पल या पत्थर रख देंगे। एक-एक करके खिलाड़ी कूद लगाएँगे, और अपने साथ के खिलाड़ी को छोकर आउट करने की कोशिश करेंगे। जो खिलाड़ी बीच में सबसे पहले पहुँचेगा वह विजयी होगा।

फल-फूल-सब्जी:- सभी खिलाड़ी एक लाइन में खड़े होंगे। एक खिलाड़ी सिर के ऊपर टोकरी उठाने का अभिनय करते हुए उनके सामने से गुजरेगा। वह अचानक किसी के सामने रुककर फल, फूल या सब्जी में से कोई एक बोलेगा, सामने वाले ने कोई उसी के अनुसार जवाब देना है। जैसे फल पूछा गया तो जवाब देना है, केला, आम आदि। जो गलती करेगा टोकरी उसके सिर पर आ जाएगी।

काला-सफेद:- शिक्षक के काला कहने पर हाथ का ऊपरी भाग रखना है और सफ़ेद कहने पर हथेली वाला हिस्सा रखना है। इसी तरह से खेल आगे चलता रहेगा। जो-जो गलती करेगा वह आउट होता रहेगा।

ऐसा करो-वैसा करो:- जब शिक्षक कुछ मुद्रा बनाकर "ऐसा करो" कहेगा, तो वह काम करना है। "वैसा करो" कहने पर वह काम नहीं करना है। जो-जो गलती करेगा वह-वह आउट होता रहेगा।

श्याम कहता है:- जब शिक्षक "श्याम कहता है" कहकर कुछ कहने को कहेगा तो वह काम करना है, जैसे "श्याम कहता है बैठ जाओ" लेकिन अगर इसके बिना कुछ कहता है तो वह काम नहीं करना है। जो-जो गलती करेगा वह आउट होता रहेगा।

बैठे खेल

नेता की खोज करो

सभी खिलाड़ी आधा गोला बनाकर बैठे होंगे। किसी एक को बाहर भेज दिया जाएगा, वह किसी चीज को हाथ लगाकर 10 तक गिनती बोलकर आएगा। इसी दौरान समूह अपना नेता चुन लेगा। नेता जो करेगा वही सबने करना है। लेकिन नेता की तरफ सीधे देखना नहीं है। बाहर से आया खिलाड़ी नेता की खोज करेगा। गलत नेता बताने पर दो मुक्के लगेंगे। सही नेता बताने पर कोई दूसरा बाहर जाएगा। इसी तरह खेल चलता रहेगा।

7 के पहाड़े पर "जय इन्सान" बोलना

सभी खिलाड़ी आधा गोला बनाकर या सुविधा अनुसार बैठे होंगे। एक तरफ से गिनती शुरू की जाएगी। 7 के पहाड़े पर या 7 वाली संख्या (जैसे 27) पर गिनती की जगह पर 'जय इन्सान' बोलना है। जो-जो गलती करेगा वह आउट होता रहेगा।

महापुरुषों की श्रृंखला

सभी खिलाड़ी आधा गोला बनाकर या सुविधा अनुसार बैठे होंगे। यह एक यादगारी का खेल है। एक तरफ से महापुरुषों का नाम बोलना शुरू किया जाएगा, अगले खिलाड़ी ने पहले वाले सभी नाम बट्टे हुए अपना नाम उनमें अपना नाम जोड़ना है। जहाँ श्रृंखला टूटेगी, वहाँ "जय इन्सान, जय विज्ञान" बोलेंगे। इस खेल को फलों, मिठाइयों, शहरों, देशों आदि के नाम से भी खेला जा सकता है।

पूसी बिल्ली

सभी खिलाड़ी आधा गोला बनाकर बैठे होंगे। एक खिलाड़ी बिल्ली बनेगा। वह बिल्ली की तरह चलकर प्रत्येक खिलाड़ी के आगे से म्याऊँ-म्याऊँ कहते हुए गुजरेगा। सामने वाले ने उसकी कमर पर दो बार हाथ फेरते हुए बिना हँसे, "पूसी बिल्ली पूसी बिल्ली" बोलना है। जो हँसा, वह फँसा, अब उसे बिल्ली बनेगा। इसी तरह खेल चलता रहेगा।

साधन के खेल

लाठी के खेल

घूमती लाठीः- सभी मण्डल में होंगे, गण इंचार्ज एक लाठी सबके पैरों के नीचे से घुमाएगा। जिसको लाठी छू गई, वह आउट माना जाएगा। धीरे-धीरे लाठी को ऊपर उठाया जाएगा।

शक्ति-परिचयः- रस्सा-कस्सी की तरह लाठी के साथ दो दलों की ज़ोर आजमाइश।

* जिसकी लाठी उसकी भैंसः- सभी एक लाईन में या मंडल में खड़े होंगे। उनके दस कदम दूर लाठियाँ रखी होंगी। एक-दो लाठियाँ कम होंगी। शिक्षक 10 तक गिनती बोलेगा। उसके बाद सब भागकर एक-एक लाठी उठाएँगे। जिसे लाठी नहीं मिलेगी, वह आउट माना जाएगा।

* लाठी पकड़ोः- सब मंडल पर खड़े होंगे। सबको एक संख्या दी जाएगी। शिक्षक लाठी लेकर केंद्र में खड़ा होगा। शिक्षक कोई संख्या पुकार कर लाठी छोड़ेगा, लाठी गिरने से पहले पकड़नी है। जो असफल होगा, वह आउट माना जाएगा।

गेंदः- एक-दूसरे को गेंद से पीटना, दस पास, बाल्टी में गेंद डालो, गेंद मार (दो टीम, हरेक टीम को 5 मिनट, गेंद मारकर आउट करना), गेंद ऊपर फेंकना और पकड़ना (गेंद नीचे आने से पहले बताई हुई कृति जैसे ताली, बैठक आदि करना), एक-दूसरे की तरफ गेंद फेंकना (सीटी बजते ही जिसके पास गेंद रहेगा वह आउट), गेंद जमीन पर उछालना, गेंद हवा में उछालना, गोले में एक वस्तु (डब्बा, चप्पल) रखकर गेंद मार-मारकर उसे गोले से बाहर करना

रस्सी के खेल

रस्साकस्सीः- दो दल का खेल, शुरू कहते ही अपनी-अपनी खींचने की कोशिश करेंगे।

रस्सी से बचोः- 3 मीटर रस्सी लेकर दो खिलाड़ी दौड़ेंगे, जो रस्सी के लपेटे में आएगा वह आउट

रिंगः- रिंग सबसे दूर फेंको, गोले में रिंग डालो, रिंग गोल (दो टीम)

रुमालः- रुमाल झपट्टा, रुमाल संभालो, भाई तू कहाँ, अंधा पहचाने (प्रश्नकर्ता ने प्रश्न पूछना)

*

खेल (अवस्था अनुसार)

अवस्था 1 - दौड़ें (प्रारम्भ में)

अवस्था 2 -सबका संघर्ष हो, ऐसे खेल

मंडल के ऊपरः-संख्या पर काम, गुट बनाओ, मूर्ति, मूर्ति-2, मंडल खो, उल्टी खो, लाठी घुमाना, लाठी पकड़ाना,मंडल के अंदरः- सिर छू (बिगड़ा बैल), गणेश छू (हाथी की सूंड), मेंढक छू, घुटना छू, शेर-बकरी, किसान-लोमड़ी, विष-अमृत, भस्मासुर, चरण-स्पर्श,दो दलों के खेलः- टैंक-युद्ध, कद्दू की बेल, गुरु-चेला, खो-खो, कबड्डी, ताला-चाबी, सीमा-उल्लंघन, रस्साकस्सी (शक्ति परिचय), रुमाल संभालो,मैदान के खेलः- मैं उपस्थित, जंजीर, ह्यूमनिस्ट बनाना, मैं शिवाजी, लड्डू-बर्फी-रसगुल्ला,

अवस्था – 3 एक-दो का व्यायाम, बाकी का आराम

मंडल के ऊपरः- नमस्ते जी, चंदन, लंगड़ी कबड्डी, भैया तुम कहाँ-मैं यहाँ, लंगड़ी छू, अंधा छू, जिसकी लाठी उसकी भैंस, लाठी पकड़ो,मंडल के अंदरः- सिर छू, गर्दन-युद्ध, कंधा-युद्ध,दो दलों के खेलः- तीन ताली, रुमाल झपट्टा, आठा दौड़, समोसा दौड़, गंगा-स्नान-1, गंगा-स्नान-2, मैं बहुत शक्तिशाली

अवस्था –4 बुद्धि के खेल (अंत में) खड़े-खड़े आराम वाले खेलः-आकाश-पाताल-धरती, नीर-तीर-खीर, रामू भैया, जय बजरंगी, फल-फूल-सब्जी, काला-सफेद, ऐसा करो-वैसा करो, श्याम कहता है,

बैठे खेलः- नेता की खोज करो, 7 के पहाड़े पर राम, महापुरुषों की श्रृंखला, पूसी बिल्ली

*

खेल-योजना

वीकेंड 1

मैदान के खेल

सीधी दौड़, उल्टी दौड़, धर्मशाला, अग्नि-कुंड, घुड़सवार युद्ध, मत चूको चौहान शतरंज के मोहरे

वीकेंड 2

मण्डल के ऊपर

कार-रेस, अगले को मुक्का मारो, गोरिल्ला दौड़, संख्या पर काम, गुट बनाओ, मूर्ति, मूर्ति 2, नमस्ते जी, चन्दन, लंगड़ी कबड्डी, नीर-तीर-खीर

वीकेंड 3

मण्डल के अंदर

सिर छू (बिगड़ा बैल), गणेश छू, कंधा-युद्ध, गर्दन-युद्ध, विष-अमृत, पूसी बिल्ली, गोरा-काला, ऐसा करो

वीकेंड 4

दो दलों के खेल

आठा दौड़, राम-राजा, गंगा-स्नान-1, गंगा स्नान 2, रुमाल झपट्टा, कबड्डी, तीन ताली, खो-खो, गुरु चेला, नेता की खोज, रामू भैया-जय बजरंगी

वीकेंड 5

साधन के खेल

बोरी दौड़, रिंग सबसे दूर फेंको, रिंग गोले में डालो, रिंग गोल, घूमती लाठी, शक्ति परिचय, लाठी पकड़ो, दस पास (गेंद) गेंद से पीटना, रस्साकस्सी, रस्सी से बचो, चम्मच-नींबू दौड़,

वीकेंड 6

दो दलों के खेल

बिच्छू दौड़, कंगारू दौड़, जोड़ी दौड़, सीमा-उल्लंघन, ताला-चाबी, कद्दू की बेल, गुरु-चेला, टैंक युद्ध, रुमाल संभालो, महापुरुषों की शृंखला 7 के पहाड़े पर "जय इन्सान", श्याम कहता है

वीकेंड 7

मैदान के खेल

लंगड़ी दौड़ बाधा दौड़, घुटना छू, ह्यूमनिस्ट बनाना, कबड्डी, जंजीर, मैं शिवाजी, लड्डू-बरफी-रसगुल्ला, मैं बहुत शक्तिशाली, आकाश-पाताल-धरती

वीकेंड 8

मण्डल के अंदर

विज्ञान चक्र, मेंढक छू, शेर-बकरी, किसान लोमड़ी, ऐसा करो-वैसा करो, फल-फूल-सब्जी

खेलों के आयोजन हेतु आवश्यक निर्देश

खेलों के सफल आयोजन के लिए दो तरह से विचार कर सकते हैं। खेलों की पूर्व योजना और मैदान पर प्रत्यक्ष खेल करवाना। इसका विस्तृत वर्णन इस प्रकार है:-

1) **खेलों की पूर्व योजना:-** खेल खिलाने से पहले ही कौन-से खेल लेना हैं, इसका विचार होना चाहिए। नहीं तो ऐन समय पर सोचने के कारण खिलाड़ियों का खेलने का समय बर्बाद होता है और इसके साथ ही खेलों का चुनाव भी और आयोजन ठीक से नहीं हो पाता है। इसलिए खेलों की पूर्व-योजना बनाना बहुत जरूरी होता है। निम्नलिखित बातों का विचार लाभदायक रहेगा

अ) खेलने के लिए समय:- खेलों के लिए कम से कम 30 मिनट होना ही चाहिए। इस दौरान कितने खेल हो सकते हैं, उससे एक-दो अधिक की तैयारी करनी चाहिए। प्रत्येक खेल के लिए इतना कम समय न हो कि खेलने वाले उसका आनंद भी न ले सकें। इसी प्रकार, इतनी देर तक भी खेल न चले कि खिलाड़ी ऊबने लगें।

आ) खेलने वालों की संख्या:- खेलने वाले कितने हैं, यह देखकर खेलों का चयन करें। जिससे प्रत्येक को अधिक से अधिक समय तक खेलने को मिलेगा। संख्या कम होने पर चोट लगने वाले खेल लेना ठीक नहीं। किसी को चोट लगने से अथवा उसके खेल से बाहर होने पर संख्या और

भी घट जाएगी।

बड़े कार्यक्रमों में संख्या अधिक रहती है। उस समय यह मत सोचो कि प्रत्येक को खेलने के कैसे मिलेगा। अपितु उस बड़ी संख्या का लाभ, संख्या की अधिकता अनुभव कराने के लिए भी उठाओ। सबको यह लगना चाहिए "हम इतने सारे एक साथ खेल रहे हैं।"

इ)**खिलाड़ियों की आयु तथा खेल की तैयारी:-** खेल चुनते समय बाल, तरुण और प्रौढ़ तीन तरह से विभाजन करना चाहिए। बड़ों-छोटों को एक साथ खिलाने से सही मुक़ाबला नहीं बनता, और इसके कारण खेलों का पूरा मजा नहीं आता है। कहानियों का उपयोग किए गए खेल बालों में उत्साह लाते हैं, खूब दौड़-धूप वाले खेल तरुणों को पसंद आते हैं तथा कम शारीरिक शक्ति वाले खेल प्रौढ़ पसंद करते हैं।

यह जरूरी नहीं कि इन तीन प्रकार के खिलाड़ियों के लिए अलग-अलग खेल ही होने चाहिए। दौड़ने के लिए कम-ज्यादा अंतर रखकर भी तीनों के लिए समान खेल ले सकते हैं।

ई)**मैदान:-** मैदान के विस्तार का अधिक से अधिक उपयोग करना चाहिए। इसी तरह आकार के अनुसार जो विस्तार है, यह ध्यान में लेकर खेल चुनने चाहिए। रेतीले मैदान पर दौड़ना कठिन होता है। कुश्ती आदि खेलों से पथरीले मैदान पर चोट आती है। पेड़, गड्ढे, बड़े पत्थर रहने पर उनका भी खेल में उपयोग कर सकते हैं।

उ) **विविधता:-** एक समय यदि चार से छह खेल लेने हों तो खेलों में विविधता लाओ। अधिक दम वाले खेलों के बाद कभी कभी सरल खेल लो। दौड़, लड़ाई, वृद्धि, स्मरणशक्ति के खेलों में खिलाड़ी व्यक्तिशः जीतते हैं। इसके साथ-साथ सामूहिक विजय वाले खेलों को भी लिया जाये।

ऊ)**विवरण:-** प्रत्येक खेल की छोटी-छोटी बातों पर पूरा विचार पहले ही कर लेना चाहिए। जीतने की उमंग में खिलाड़ी खेल के नियम भंग न करें। इसका ध्यान रखा जाये। नियमों का उद्देश्य विफल नहीं होना चाहिए। आउट होने वाले खिलाड़ी इधर-उधर न घूमते फिरें, वे अधिक देर तक खाली नहीं बैठें। इन सब विवरणों का विचार कर खेल के नियम बनाने चाहिए।

2) मैदान पर प्रत्यक्ष खेल करवाना

अ)खेल की व्यवस्था:- पहले खेल के लिए मैदान का अच्छा भाग चुनकर स्पष्ट दिखने वाली रेखाएँ खींच ली जानी चाहिए।

आ)खेल स्पष्टीकरण:- खेलते समय खिलाड़ी जहाँ खड़े होकर खेल शुरू करने वाले हैं, वहाँ उन्हें खड़े कर खेल समझाने से उनके लिए खेल समझना आसान होगा। स्पष्टीकरण में निम्न बातों का ध्यान रखना जरूरी है:- मैदान की रेखाओं का अर्थ, प्रत्येक खेलने वाले का काम, खेल कब शुरू होगा और कब समाप्त होगा, हार-जीत का फैसला कैसे होगा, आऊट होने के नियम, खेलते समय होने वाली संभावित भूलें।

कम से कम में स्पष्टीकरण पूरा हो और खिलाड़ियों को खेलने को अधिक समय मिले, इस दृष्टि से शिक्षक खुद खेलेगा और दो-तीन खिलाड़ियों को उदाहरण के लिए खेलने को कहेगा।

इ)खेल खिलाना:- खेल में खेल के नियमों का उल्लंघन न हो इसलिए जरूरी होने पर शिक्षक कुछ सहायकों की सहायता लेगा। थोड़ी सी हंसी या शोर चल सकता है, किन्तु खेल के नियमों का कड़ाई से पालन हो, यह देखना महत्वपूर्ण है। नियम-भंग कर जीतने वाले को छोटा-सा दंड दिया जाये, जिससे उसके जीतने का उद्देश्य विफल हो। दौड़-स्पर्धा में उसे थोड़े समय के लिए रोके रखने से आगे वह ठीक खेलेगा। कौन आऊट हुआ है, या आऊट नहीं हुआ है, इस बारे विवाद पैदा होने पर शिक्षक पूरे विश्वास के साथ तुरंत और स्पष्ट निर्णय देगा।

ह्यूमनिस्ट परेड

ह्यूमनिस्ट सावधान:- एड़ियाँ मिली हुई तथा एक सीध में हो। पैरों के बीच 30 डिग्री का कोण।

शरीर सीधा, दोनों पैरों पर बराबर वजन डालकर खड़ा होना। हाथ शरीर से सटे हुए मुट्ठियाँ बंधी हुई, अंगूठा सामने की ओर, गर्दन तनी हुई, दृष्टि सामने अपनी ऊँचाई पर।

ह्यूमनिस्ट विश्राम:- सावधान से विश्राम में आने के लिए बायाँ पैर बाईं ओर रखना, शरीर का भार दोनों पैरों पर समान रहे। दोनों हाथ पीछे

ले जाकर दाहिनी हथेली बाईं हथेली और अंगूठे के ऊपर और अंगूठे के बीच तथा दाहिना अंगूठा बाएँ अंगूठे के ऊपर रखें। दोनों हाथ तने हुए हो। उँगलियाँ जमीन की ओर खींची हुई।

एक लाइन:- सभी ह्यूमनिस्ट सावधान में आएँगे और इंचार्ज के सामने तीन कदम अंतर पर एक लाइन में खड़े होंगे। सबसे पहले सबसे ऊँचे कद का ह्यूमनिस्ट आएगा, शेष उसके बाईं ओर खड़े होंगे। *(कोई भी इंचार्ज और लाइन के बीच से नहीं गुजरेगा।)* पहला ह्यूमनिस्ट सामने नजर रखेगा, शेष ह्यूमनिस्ट दायाँ हाथ कमर पर रखकर उसकी कुहनी से अपने से पहले ह्यूमनिस्ट को स्पर्श करेंगे, इस तरह से सब एक हाथ के अंतर पर (60 सें. मी.) खड़े हो जाएँगे। सर्वप्रथम, पहला ह्यूमनिस्ट विश्राम में आयेगा। फिर शेष सभी विश्राम की स्थिति में आते जाएँगे।

आगे/पीछे/बाएँ/दायें सरक

आगे या पीछे जाते समय बाएँ पैर से शुरू करना चाहिए। किसी भी कृति में हाथ नहीं हिलेंगे। एक समय में चार कदम से अधिक की आज्ञा नहीं देनी चाहिए।

एक कदम आगे सरक:- सब एक कदम आगे जाएँगे।

इसी तरह दो, तीन या चार कदम आगे जाएँगे।

एक कदम पीछे सरक:- सब एक कदम पीछे जाएँगे।

विभागशः 1 बायाँ पैर आगे, विभागशः 2 पिछला पैर अगले पैर से मिलाना

इसी तरह दो, तीन या चार कदम पीछे जाएँगे।

एक कदम (दो-तीन-चार) बाएँ सरक:- दाहिना पैर दाहिनी ओर रखकर उससे बयान पैर मिलाएँ। इस प्रकार प्रत्येक कदम पर काम करना। इसी तरह दायीं ओर सरकना।

संख्या:- दाहिनी ओर से 1,2,3,4,5,6 आदि संख्या ऊँची आवाज में बोलना। नजर सामने रहेगी।

गण विभाग (दो लाइनें बनाने के लिए):- एक-दो, एक-दो के क्रम में संख्या कहेंगे। फिर आज्ञा होगी "दो लाइन", एक अंक वाले दो कदम आगे आएँगे और दो वाले अपने स्थान पर रहेंगे। इस तरह एक लाइन की दो लाइनें बन जाएँगी।

अंश विभाग (दो लाइनें बनाने के लिए):- एक-दो-तीन, एक-दो-तीन के क्रम में संख्या कहेंगे। फिर आज्ञा होगी "तीन लाइन", एक अंक वाले दो कदम आगे आएँगे और दो वाले अपने स्थान पर रहेंगे। तीन अंक वाले एक कदम पीछे जाएँगे। इस तरह एक लाइन की तीन लाइनें बन जाएँगी।

दायें मुड़:- विभागश: 1.दाहिने पैर की एड़ी और बाएँ पैर के पंजे पर दाहिनी ओर मुड़ना विभागश: 2. बायाँ पैर तेजी से दाहिने पैर से मिलाना।

बाएँ मुड़:- विभागश: 1.बाएँ पैर की एड़ी और दाहिने पैर के पंजे पर बाईं ओर मुड़ना

विभागश: 2. दाहिना पैर तेजी से बाएँ पैर से मिलाना।

पीछे मुड़ (अर्धवृत्त):- दायें मुड़ के अनुसार दाहिनी ओर 180 डिग्री में घूमना।

कदम ताल (मितकाल):- विभागश: 1 सावधान स्थिति से बायाँ पैर सामने जमीन से 15 से. मी. ऊँचा उठाकर (पैर का तलुआ जमीन के समानान्तर रहेगा।) दाहिने पैर से मिलाना और दाहिना पैर उठाना। हाथ बाजू में स्थिर और शरीर तना हुआ रहेगा।

2 दाहिना पैर पटककर तुरंत ही बायाँ पैर उठाना।

कदमताल की आज्ञा मिलते ही ऊपर लिखा काम करते रहना। गलती होने पर कोई भी एक कदम लगातार दो बार जमीन पर पटकना चाहिए।कदमताल में हाथ नहीं हिलेंगे। पंजों के बल पर कदमताल होना चाहिए।

कदमताल में रुकना :- दाहिना पैर जमीन पर आते समय आदेश मिलेगा, उसके बाद और एक बार बायाँ और दाहिना पैर पटकना।

परेड का अभ्यास

ह्यूमनिस्ट सामने से तेज चलः- सावधान स्थिति से आगे चलना। बाएँ पैर से चलना शुरू होगा। चलते समय कमर से ऊपर का हिस्सा तना हुआ तथा नजर सामने हो। हाथ सीधे रहेंगे सामने कमर की ऊँचाई तक

और पीछे जितने जा सके उतने ले जाना चाहिए। कोहनी नहीं मुड़ेगी। मुट्ठियाँ बंधी हों। पैर जमीन पर रखते समय एड़ी पहले टिकानी चाहिए।

चलते समय कदमों का अंतर, दो के बीच अंतर और पंक्तियों के बीच अंतर का ध्यान रखना चाहिए। चलते समय अगर कदम गलत हो जाए तो पिछले पैर के तलुए का हिस्सा अगले पैर की एड़ी के पास लाते समय खिसक कर अगला ही पैर आगे रखते हुए एक ही कदम दो बार आगे बढ़ाना चाहिए।

ह्यूमनिस्ट रुक:- सावधान मुद्रा में चलना बंद करके खड़े होना।

बाएँ घूम:- चलते हुए बाएँ घूमना

बाएँ पैर पर आदेश मिलेगा। दाहिना पैर आगे रखकर सामने की गति को रोकना। बायाँ पैर बाईं ओर डालकर तथा दाहिना हाथ सामने एवं बायाँ हाथ पीछे लेकर चलना शुरू करना।

दाएँ घूम:- चलते हुए दाएँ घूमना

दायें पैर पर आदेश मिलेगा। बायाँ पैर आगे रखकर सामने की गति को रोकना। दाहिना पैर दाहिनी ओर डालकर तथा बायाँ हाथ सामने एवं दाहिना हाथ पीछे लेकर चलना शुरू करना।

पीछे घूम:- चलते हुए पीछे घूमकर फिर चलना

बायाँ पैर पर जमीन पर आते समय आदेश मिलेगा। उसके बाद दाहिना पैर आगे डालकर गति रोकना। इसके बाद बायाँ पैर, दाहिने पैर के बाजू में कुछ तिरछा पटकना। इसके बाद दाहिने बाजू में मुड़कर दाहिना पैर बाएँ के पास पटकना। इसके बाद बायाँ पैर पटकना। फिर दाहिना पैर बाएँ पैर के पास पटककर उस दिशा में कदमताल शुरू करना। (यह काम होने तक हाथ नहीं हिलेंगे।)

ह्यूमनिस्ट जयकारे

खेलों में जोश भरने के लिए नारे बहुत जरूरी हैं। इससे बच्चों का उत्साह दुगुना हो जाता है और हूटिंग की बजाय सही दिशा में उनकी ऊर्जा लगती है।

@ जय इन्सान, जय विज्ञान

\# तर्क से तरक्की

@ ना हिन्दू ना मुसलमान, सबसे पहले हैं इन्सान

\# ना सिख ना ईसाई, सारे इन्सान भाई-भाई

@ भारतमाता की जय

\# शिक्षा है अनमोल रत्न, पढ़ने का सब करो जतन

@ कौन जीते ह्यूमनिस्ट जीते

\# बोलो सारे जय हिन्द, जय हिन्द जय हिन्द

@ बेटी बचाओ, बेटी पढ़ाओ

इसके अलावा और भी नए–नए जयकारे गढ़े जा सकते हैं।

Happy Humans

2

बौद्धिक विभाग

आवश्यक निर्देश:-

* मास में एक बड़ा एकत्रीकरण बुलाना। (अधिकतम संख्या दिवस); यूनिट टोली की मासिक बैठक

*वर्ष में एक दिन पथ-संचलन (समान्यतः 10 दिसंबर विश्व मानवाधिकार दिवस के अवसर पर)

* मास में एक बार विज्ञान का कोई प्रयोग करके दिखाना चाहिए। इसके पीछे का वैज्ञानिक नियम भी समझाना जरूरी है।

* नैमित्तिक कार्यक्रम:- किसी निमित्त से या गुण-विशेष के विकास के लिए आयोजित होने चाहियें, जैसे- सहभोज, पिकनिक, साइकिल-ट्रिप, चिड़ियाघर, साइंस म्यूजियम की सैर आदि।

चर्चा

चर्चा में ज्यादा से ज्यादा सदस्यों की भागीदारी हो, केवल वक्ता ही न बोले, इसका हमेशा ध्यान रखना चाहिए। प्रश्नोत्तर-शैली में विषय को समझाना चाहिए। छोटी संख्या में चर्चा लाभदायक रहती है और बड़ी संख्या में व्याख्यान (एक बोले, बाकी सब सुनें) ठीक रहता है।

संगठनात्मक विषय

(1) संगठन का महत्त्व

संगठन एक ऐसा समूह होता है जिनके सदस्यों के समान विचार और समान लक्ष्य होते हैं। ये एक दिशा में कार्य करते हैं। भीड़, मेले, सम्मेलन, सभा को संगठन नहीं कह सकते हैं। An organisation is a group of friends who can think aloud wedded together to a common ideal and goal. अर्थात् संगठन ऐसे मित्रों का समूह जो साझे आदर्श और साझे लक्ष्य रखते हैं। (उदाहरण, रस्सी:- पतले-पतले तिनकों से हाथी को भी वश में किया जा सकता है, मधुमक्खियों का छत्ता:- मधुमक्खियाँ मिलकर छत्ता बनती हैं, शहद इकट्ठा करती हैं और छेड़ने पर मिलकर हमला करती हैं। वृक्ष:- जड़, पत्ते मिलकर एक-दूसरे को पोषण प्रदान करते हैं। मानव-शरीर:-आँख, कान, पेट, सिर अलग-अलग लेकिन मिल-जुलकर काम कराते हैं। जीभ दाँतों के बीच सुरक्षित रहती है।)

संगठन के लिए सदस्यों में आपसी प्रेम-भाव और उचित तालमेल होना चाहिए। चोरों, गुंडों के भी गिरोह होते हैं। लेकिन अच्छा संगठन वह है जो समाज को बेहतर बनाए, उसकी रक्षा करे जैसे:- स्काउट, सेना, पुलिस आदि।

मानववादी विचारों के प्रचार-प्रचार के लिए मजबूत संगठन आज समय की माँग है। तभी जाति, धर्म, प्रांत, भाषा से विभाजित समाज को एकसूत्र में पिरोया जा सकता है।

(2) ह्यूमनिस्ट यूनिट का महत्त्व

अपनी ह्यूमनिस्ट यूनिट सभी मानववादी कार्यों का आधार (पेड़ जड़ को सींचना अर्थात पूरे पेड़ का विकास), योग्य नागरिक और समर्पित ह्यूमनिस्ट कार्यकर्ताओं का निर्माण, नियमित रूप से एकत्रित होना, निरंतर अभ्यास का अवसर (बर्तन माँजने का उदाहरण), गुणों के विकास के किए सत्संग आवश्यक, सप्ताहांत में मौज-मस्ती के साथ-

साथ अच्छे मानववादी विचार, अच्छी आदतों के लिए उपयुक्त वातावरण की जरूरत (*अंगीठी का उदाहरण:- जलती अंगीठी में ठंडा कोयला भी दहकने लगता है, बाहर निकालने पर गर्म कोयला भी ठंडा हो जाता है।*)

*ह्यूमनिस्ट यूनिट पावर हाउस की तरह है। बिजली का उत्पादन होना जरूरी है, यह प्राथमिक आवश्यकता है, बिजली जहाँ भी जाएगी, अपना काम करेगी, फ्रिज में, प्रेस में, टीवी में, कम्प्यूटर आदि में। लेकिन बिजली के अभाव में सारे उपकरण ठप्प हो जाते हैं। अपनी यूनिट कार्यकर्ता रूपी बिजली बनाती है। यही कार्यकर्ता बड़े होकर समाज में अपनी योग्य भूमिका निभाएँगे।

*व्यक्तित्व-विकास:- यूनिट में नेतृत्व के गुणों का विकास होता है, जो कार्यकर्ता के निजी जीवन में भी लाभदायक सिद्ध होते हैं।

*प्रेमपूर्ण संबंध:- तर्क के साथ भावना का भी महत्त्व होता है। यूनिट में कार्यकर्ता बार-बार आपस में मिलते हैं, एक साथ सहयोग करते हुए कार्य करते हैं, इससे गहरे मैत्रीपूर्ण संबंध बनते हैं, जो हमारी प्रसन्नता को कई गुना बढ़ा देते हैं। यही मानववाद का असली उद्देश्य भी है।

(3) गण-पद्धति

यह रचना स्थायी है तो यूनिट बढ़िया। योग्य प्रशिक्षण से ही कार्यकर्ताओं का विकास संभव है। गण-पद्धति कार्यकर्ताओं की निपुणता, योग्यता और उत्साह बढ़ाने का आधार है। इसके द्वारा लोक संस्कार।

*यह यूनिट-स्थान की व्यवस्था *आयु के अनुसार रचना (बाल, तरुण, प्रौढ़) *छोटों-बड़ों सभी के साथ न्याय, *एक गण में 11 से 15 तक सदस्य रह सकते हैं। *पूर्व नियोजित कार्यक्रमों की रचना, *गण इंचार्ज का गण के सदस्यों से घनिष्ठ संबंध। * गण अनुसार कार्यक्रम:- गीत-प्रतियोगिता, खेल-प्रतियोगिताएँ। कैंपों में गण अनुसार आवास।

(4) गट-पद्धति

गट एक महत्वपूर्ण इकाई, गटनायक लोगों से मिलने-जुलने वाला हो, चूल्हे तक संपर्क। स्नेह, अपनापन और सहयोग की वृद्धि, कार्यकर्ता बनने की पहली सीढ़ी। (*ध्यान रहे यूनिट के गट हैं, कोई अलग गुट नहीं*

हैं।)

* यूनिट-स्थान से बाहर की व्यवस्था * मोहल्ले के अनुसार गट की रचना *हरेक गट का एक गटनायक हो * गटनायक केवल सदस्यों का नहीं, बल्कि मोहल्ले का नायक बने * गट के कार्यक्रम:- अधिकतम उपस्थिति दिवस व सप्ताह, चन्दन, सहभोज, वन-विहार आदि।

(5) व्यवस्थित यूनिट

व्यवस्थित यूनिट के लिए चार बातें जरूरी हैं :-

1 यूनिट लीडर, यूनिट इंचार्ज, गण इंचार्ज व गटनायकों की 7-8 कार्यकर्ताओं की एक मजबूत टोली

2 यह टोली सक्रिय हो अर्थात हरेक कार्यकर्ता एक घंटे की यूनिट के अलावा न्यूनतम एक घंटा समय लगाने वाला हो। यूनिट-टोली की मासिक-बैठक अवश्य हो।

3 अच्छी संख्या:- न्यूनतम 20 की उपस्थिति होनी चाहिए। यह संख्या नियमित रहे और बढ़ती रहे।

4 योजनाबद्ध शारीरिक व मानसिक कार्यक्रम:- समय पर शुरू और समय पर समाप्त हो, खेल सभी शारीरिक-बौद्धिक कार्यक्रम आदि पूर्व नियोजित हो,।

यूनिट-स्थान साफ-सुथरा हो, रेखांकन, चप्पल, जूते, कपड़े रखने के लिए निर्धारित स्थान, कौन नहीं आए, कौन नए आए, इसकी पूछताछ हो, ऐसे सदस्यों के घर जाना। गट अनुसार सूची बनाकर महीने में कम से कम एक बार सभी के परिवारों से संपर्क करना।

(6) प्रभावी यूनिट

मानवता की भलाई और गरीबी, अंधविश्वास आदि दुखों से छुटकारा पाने के लिए एक स्वस्थ व प्रगतिशील समाज की जरूरत। ऐसे समाज का निर्माण व्यवस्थित और प्रभावी यूनिट द्वारा संभव। प्रभावी यूनिट समाज-परिवर्तन का माध्यम बने। इसके प्रयासों से समाज में निम्न परिवर्तन दिखाई दें:-

*जातिवाद और सांप्रदायिकता का प्रभाव कम *अंधविश्वास का अंत, *मानवीय गरिमा और कल्याण पर बल *मानव-अधिकार को महत्व मिले *कुरीतियों (नशेबाजी, दहेज-प्रथा आदि) की समाप्ति *वैज्ञानिक

सोच को बढ़ावा

(7) नई यूनिट कैसे खोलें?

*पहले तय करना कि किस मुहल्ले में यूनिट खोलनी है *उसके बाद उस मुहल्ले का अध्ययन। संपर्क-सूत्र खोजना (मित्र, परिचित), उस माध्यम से बैठक करना *निर्धारित कार्यकर्ताओं (कम से कम दो) को यूनिट लगाने की ज़िम्मेदारी सौंपना *अनुकूल लोगों से मिलना, उन्हें मानववादी-साहित्य देना।

(8) बैठकों का महत्व

*मानववाद की विचारधारा की स्पष्ट कल्पना देने हेतु *किसी योजना पर विचार करने के लिए *सक्रियता बढ़ाने के लिए *पहले हो चुके कार्यक्रम की समीक्षा के लिए *बैठकों के प्रकार:- नियमित बैठक (साप्ताहिक, मासिक), विशेष बैठक (किसी विशेष कार्यक्रम की तैयारी के लिए)

(9) कैंपों का महत्व

*मानववाद के कार्य को मजबूती प्रदान करना और विस्तार के लिए *सामूहिक जीवन का अभ्यास *कार्यकर्ता निर्माण *दो, तीन, पाँच दिन का शिविर *व्यक्ति का ठीक अध्ययन होकर उसके विकास की योजना संभव *कार्य का विराट रूप निष्ठा को दृढ़ करता है *वरिष्ठ कार्यकर्ताओं का सान्निध्य मिलता है *यूनिट में विस्तार से विषय लेने संभव नहीं होते हैं, इसलिए भी कैंपों का बहुत महत्व है। इसमें वरिष्ठ कार्यकर्ता मानववादी विषयों को समझाते हैं, कार्यकर्ता अपनी शंका-समाधान करते हैं। कार्यकर्ता का दृष्टिकोण व्यापक बनता है।

(10) ह्यूमनिस्ट कार्यकर्ता के गुण और व्यवहार

प्रमुख गुण *लक्ष्य स्पष्ट हो *हँसमुख *मिलनसार *मेहनती *सफाई पसंद *ऊँचा चरित्र (*मन-वचन-कर्म एक हो*) *लोक-संग्रही:- आकर्षण का केंद्र *आत्म-विश्वास

व्यवहार:- सतत कार्यरत, धुन का पक्का *खुद काम करे, दूसरों से काम करवा सके *सबको साथ लेकर चलने की कुशलता (टीम-भावना) *मुँह में शक्कर, पैर में चक्कर, दिल में आग और दिमाग ठंडा हो *जो ज़िम्मेदारी मिले, उसे खुशी-खुशी निभाना *सीखने-सिखाने के प्रवृति

*रसोई तक संपर्क *व्यवहार-कुशल *(चार चतुरों और एक कम पढ़े-लिखे की कहानी)* गुणों की चर्चा सबके सामने, दोष अकेले में बताना, बहस में न पड़े, बहस नहीं दिल जीते *स्वयं के प्रति कठोर, दूसरों के प्रति उदार

(11) अनुशासन का स्वरूप और महत्त्व

*अनु+शासन अर्थात नियमों का पालन करना *जीवन में सफलता के लिए अनुशासन बहुत जरूरी *अनुशासित छोटी सेना अपने से बड़ी, किन्तु अनुशासनहीन सेना को हरा देती है *(बक्सर की लड़ाई- बंगाल, अवध और मुग़ल सम्राट की संयुक्त सेना को ब्रिटिश कंपनी की छोटी सी टुकड़ी ने हराया)* इसके लिए शरीर और बुद्धि पर नियंत्रण जरूरी *जरा सी असावधानी से मन भटकता है, शरीर आलसी बन जाता है *लक्ष्य-प्राप्ति के लिए ज्ञान, निरंतर अभ्यास, आत्म-निरीक्षण *अपने उदाहरण से दूसरों को सिखाना – केवल एक कदम आगे रहते हुए, पीछे रहने वाला स्फूर्ति नहीं दे सकता, अधिक आगे रहने वाला अपने पीछे नहीं लगा सकता *उपदेशात्मक रूप में नहीं, "सखा-रूप" में सिखलाना *स्वयं के प्रति कठोर, दूसरों के प्रति उदार *बाहरी अनुशासन से आंतरिक अनुशासन बेहतर होता है।

(ख) वैचारिक विषय

1. संसार की रचना कैसे हुई?

बिग बैंग थ्योरी के अनुसार लगभग 13.5 अरब साल पहले एक महाविस्फोट से दुनिया बनी।

* कुछ लोग बिग बैंग थ्योरी पर सवाल खड़े करते हैं, फिर भी अभी तक इससे बेहतर व्याख्या नहीं है। 4.5 अरब साल पहले पृथ्वी सूर्य से टूटकर अलग हुई। 3.5 अरब साल पहले जीवन का आरंभ समुद्र में हुआ (एक कोशिकीय अमीबा) *बाद में बहुकोशिकीय जीव अस्तित्व में आए (रीढ़धारी और गैर-रीढ़धारी) *40 करोड़ साल पहले उभयचर (पानी और जमीन दोनों पर रहने वाले) प्राणी अस्तित्व में आए (मेंढक आदि) *30 करोड़ साल पहले सरीसृप वर्ग अस्तित्व में आए (रेंगने वाले जीव जैसे साँप, छिपकली, मगरमच्छ, डायनोसोर) लगभग 20 करोड़ साल तक

इनका पृथ्वी पर राज रहा। *लगभग 6.5 करोड़ साल पहले डायनोसोरों का अंत *इसके बाद स्तनपायी जीवों का विकास *चार्ल्स डार्विन का उत्क्रांतिवाद का सिद्धान्त *रचना नहीं, बल्कि क्रमिक-विकास (not created, but evolved) जीवों का धीरे-धीरे क्रमिक विकास हुआ है, प्राकृतिक चयन, सरल से जटिल प्राणी बने। *मनुष्य स्तनपायी जीवों में से एक है।

2. विशाल ब्रह्मांड में मनुष्य का स्थान

* मनुष्य कायनात का केंद्र नहीं है, पृथ्वी भी केंद्र नहीं है। कोपरनिकस के सौर मण्डल मॉडल ने बताया कि पृथ्वी सूर्य के चारों ओर घूमती है, न कि सूर्य पृथ्वी के। *इस विशाल ब्रह्मांड में हमारी पृथ्वी धूल के एक कण की तरह है, समुद्र की एक बूंद जैसी *मनुष्य का कोई खास महत्त्व नहीं *यह ब्रह्मांड मनुष्य के लिए नहीं बना।

3. विशाल और विरोधी कायनात

सूर्य इतना बड़ा है कि इसमें 13 लाख पृथ्वियाँ समा सकती हैं। *फिर भी सूर्य एक माध्यम आकार का तारा है। इससे बड़े-बड़े लाखों तारे ब्रह्मांड में मौजूद हैं। *ब्रह्मांड न केवल विशाल है, बल्कि जीवन के लिए निष्ठुर भी है, पृथ्वी को छोड़कर किसी गृह पर जीवन नहीं *पृथ्वी पर भी भूकंप, ज्वालामुखी, तूफान आते रहते हैं। *हिंसक और जहरीले जानवर *मनुष्य ने विपरीत परिस्थितियों में अपना अस्तित्व बनाए रखा है। *यह दुनिया हमारे लिए नहीं बनी, हमने खुद को रहने के लिए ढाला है।

4. डार्विन का उत्क्रांतिवाद

चार्ल्स डार्विन (12 फरवरी 1809 -19 नवंबर 1882) इंग्लैंड का महान प्रकृति-वैज्ञानिक *बचपन से ही जिज्ञासु, बीटल, तितलियों और पत्थरों के नमूने इकट्ठा करने का शौक *पिता ने डॉक्टर बनाने के लिए एडिनबर्ग विश्वविद्यालय भेजा, लेकिन डार्विन की इसमें रुचि नहीं थी * पादरी बनने के लिए 1828 में केंब्रिज विश्वविद्यालय गया, प्रोफेसर जॉन हेन्सलो से परिचय हुआ *HMS बीगल जहाज से संसार की यात्रा, इस यात्रा में पाँच वर्ष लगे, 1831 से 1836 तक – केप वेरदे द्वीप पर ज्वालामुखी देखा, अर्जेन्टीना में चार्ल्स डार्विन ने जीवाश्म इकट्ठा किए, चिली में पहली बार भूकंप का अनुभव किया, गलापगोस द्वीपों

में विशाल कछुए देखे, अलग-अलग प्रजाति की फिंच चिड़िया देखी *1859 में "ऑन द ओरिजिन ऑफ स्पीसीज़" पुस्तक किताब में अपना "उत्क्रांतिवाद का सिद्धान्त" दिया। *इसमें समझाया गया कि पौधे और जानवर किस प्रकार अलग-अलग प्रजातियों में बदले (*प्राकृतिक चयन – सबसे योग्य ही बचते हैं*) *इस सिद्धान्त ने धर्मों के ईश्वर द्वारा सृष्टि-रचना की नींव हिला दी। इस किताब ने बहुत हलचल मचाई * शुरू में विरोध हुआ, लेकिन अधिकांश लोगों ने डार्विन के विचारों को मान लिया। * 1871 में "द डिसेंट ऑफ मैन" लिखी। (मनुष्य, गोरिल्ला और बंदरों के एक ही पूर्वज) *जीवाश्मों (फॉसिल्स) के अध्ययन से डार्विन के सिद्धान्त की पुष्टि हुई

5. इन्सान इन्सान कैसे बना?

*1974 में सबसे पुराने मानव पूर्वज (32 लाख वर्ष पुराना) "लूसी" का कंकाल मिला

लगभग 450 करोड़ वर्ष पहले पृथ्वी का जन्म *350 करोड़ वर्ष पहले समुद्र में जीवन प्रारम्भ हुआ *6.5 करोड़ साल पहले डायनोसोरों का अंत हुआ, इसके पश्चात स्तनपायी जीवों (जो अपने बच्चों को दूध पिलाते हैं) का प्रभुत्व शुरू हुआ *3.3 करोड़ साल पहले प्राइमेट (मनुष्य, बंदर, गोरिल्ला, चिम्पेंजी, ओरेंगुटेन) विकसित हुआ *2.3 करोड़ साल पहले पूँछ रहित बंदर अफ्रीका में पैदा हुए *60 लाख साल पहले मनुष्य चिम्पेंजी, बोनोबो से अलग हुआ। *होमो एरेक्टस (पहला खड़ा होकर चलने वाला मानव):- 1. औस्ट्रेलोपिथेकस मानव (36 लाख साल से 20 लाख साल पहले) – दक्षिण अफ्रीका 2. पेकिंग मानव (चीन में मिला), 3. जावा मानव (इंडोनेशिया में मिला) *लगभग 20 लाख साल पहले होमो एरेक्टस विलुप्त *लगभग 2 लाख साल पहले आधुनिक मानव (होमो सेपियंस) अस्तित्व में आया (पूर्वी अफ्रीका)। वहाँ से एशिया, यूरोप में फैला। *नीअंडरथल मानव 5 लाख साल से 40000 साल पहले तक यूरोप में रहा। *आग की खोज, पहिये की खोज, 15000 साल पहले मनुष्य ने शिकार के साथ-साथ खेती आरंभ की। *नदियों किनारे सभ्यताओं का विकास (मिस्र की सभ्यता, मेसोपोटामिया की सभ्यता, सिंधु घाटी की सभ्यता, चीन की सभ्यता आदि) *लिखित इतिहास

केवल लगभग 6000 साल पुराना

6. यही एकमात्र जिंदगी

यह कोई नया विचार नहीं है कि हमारे पास केवल यही एक जिंदगी है। प्राचीन काल में भारत के चार्वाक ने पुनर्जन्म का खंडन किया था। न पुनर्जन्म होता है, और न ही स्वर्ग-नरक। मानववादी मानते हैं कि यही एकमात्र जीवन है। मृत्यु के बाद कोई जीवन संभव नहीं है। इसलिए हमें इस जीवन का भरपूर आनंद उठाना चाहिए और ऐसा कोई काम नहीं करना चाहिए जिससे बाद में हमें पछताना पड़े। यह जन्म किसी बाद के जीवन की तैयारी करने के लिए नहीं है। यही छोटी-सी जिंदगी हमारे पास है।

7. जीवन का उद्देश्य

रिलीजन बताते हैं कि ईश्वर ने मनुष्य को केंद्र में रखकर यह दुनिया बनाई है, लेकिन इस विशाल सृष्टि में मानव-जीवन की कोई खास अहमियत नहीं है। *रिलीजन के मुताबिक मनुष्य-जीवन का उद्देश्य भगवान या स्वर्ग को पाना या नर्क की आग से बचना है। हिन्दू धर्म में मोक्ष की कल्पना है। *आज विज्ञान इन बातों को अस्वीकृत कर चुका है। इनके कोई प्रमाण उपलब्ध नहीं हैं। फिर हमारे जीवन का क्या उद्देश्य हो सकता है? *जीव-विज्ञान के अनुसार केवल फलना-फूलना ही उद्देश्य है। अर्थात शरीर का पोषण करना और फिर प्रजनन करना ही जीवन का उद्देश्य है। कुछ लोगों को ये छोटे उद्देश्य लग सकते हैं। लेकिन प्रकृति का यही नियम है। हाँ, हम अपनी जिंदगी में अपने लिए स्वयं कुछ उद्देश्य निर्धारित कर सकते हैं। *हम अपनी रुचियों, जरूरतों को पहचान कर उस क्षेत्र में काम करके, उपलब्धि प्राप्त करके खुशी पा सकते हैं और अपने जीवन को सार्थक बना सकते हैं। खोज-कार्य, खेल, नृत्य, अध्यापन, साहित्य-लेखन, सुधार-आंदोलन, पर्यावरण-रक्षा आदि में अपनी भागीदारी कर सकते हैं।

8. मानववाद (Humanism) क्या है ?

मानव+वाद = मानववाद, यह एक मानव-केन्द्रित विचारधारा है। जाति, मज़हब, लिंग, भाषा आदि का भेदभाव नहीं, मानव-मात्र की चिंता, अन्य जीव-जंतुओं के प्रति भी दया-भाव रखना, मानव की

तरक्की के लिए विज्ञान पर भरोसा।

9. मानववादी कौन हैं?

जो खुद को सबसे पहले हिन्दू, मुसलमान आदि की बजाय एक इन्सान मानते हैं, वे सभी लोग मानववादी हैं।

* ये संसार को समझने के लिए विज्ञान पर भरोसा करते हैं। ये मानते हैं कि संसार प्राकृतिक है, आमतौर पर नास्तिक होते हैं। मानववादी मानते हैं कि नैतिकता हमारे स्वभाव का हिस्सा है।

* स्वर्ग-नरक को रद्द करते हैं, इसी धरती को स्वर्ग बनाना चाहते हैं। खुशी को यहीं और अभी प्राप्त करना चाहते हैं।

*नैतिकता का व्यवहार करते हैं। इसे मानव-स्वभाव का अंग मानते हैं। अपने फैसले विवेक के आधार पर लेता है।

* मृत्यु से डरते नहीं हैं, न ज्यादा शोक करते हैं। मृत्यु जीवन की समाप्ति है। यह एक अनिवार्य प्राकृतिक घटना है।

10. मानववाद का इतिहास

*पूर्वी देशों में मानववाद:- चीन – कन्फूसियस ने नैतिक नियम सिखाये, बड़ों का सम्मान अंधविश्वास, रहस्यवाद के लिए कोई स्थान नहीं, स्वर्णिम नियम भारत:- ऋग्वेद में नासदीय सूक्त में संशयवाद, लोकायत-दर्शन- परलोक की बजाय इस लोक पर बल देता है, चार्वाक की चिंतन-शैली वैज्ञानिक, बुद्ध ने कलम सुत्त में केवल तर्क और लोक-कल्याण की बातें स्वीकार करने को कहा। ईरान:- जुरथुस्त्र ने मानव को विचारशील प्राणी माना, आहुर माज़्दा एक अहस्तक्षेपकारी ईश्वर

*पश्चिमी देशों में मानववाद:- यूनान – प्राचीन काल में यूरोप का ज्ञान-केंद्र, थेल्स ने संसार को मिथ और परम्पराओं की बजाय तर्क के आधार पर समझने को कहा। अनक्सगोरस की तार्किक अन्वेषण की पद्धति, प्रोटागोरस ने कहा "मनुष्य हर चीज का पैमाना है" सुकरात "मैं विश्व का नागरिक हूँ" तीसरी सदी बीसीई में एपीकरस दार्शनिक हुआ। उसने बुराई की समस्या को ज़ोर-शोर से उठाया। सिसरो (106-43 बीसीई) एक रोमन राजनेता, वकील और वक्ता था, उसने रोमन लोगों को ग्रीक दर्शन से परिचित कराया। उसने कहा कि एक इन्सान को दूसरे इन्सान की भलाई के बारे में सोचना चाहिए। बाद में ईसाइयत के प्रचार

से यूरोप अंधकार युग में चला गया।

*रेनेसाँ मानववाद:- यूरोपीय पुनर्जागरण में मानववाद स्पष्ट रूप से उभर कर आया। पेट्रार्क (1304-1374) इटली के कवि और विद्वान – उन्हें मानववाद का पिता कहा जाता है। मानव-गरिमा, सत्य को समझने के लिए तर्क का और प्रमाण का महत्व *डच मानववादी एरेसमस ने बाइबिल का अध्ययन करके कमियाँ गिनाई। इससे प्रोटेस्टेंट आंदोलन की पृष्ठभूमि तैयार हुई। *ज्ञानोदय-काल (17वीं-18वीं सदी) "मैं सोचता हूँ, इसलिए मैं हूँ।" - गणितज्ञ रेने देकार्ते; कॉफी हाउस, सेलून आदि में लोगों के बीच विचार-चर्चा; केंद्रीय विचार- तर्क ज्ञान-प्राप्ति का मुख्य स्रोत है। इसके अलावा प्रगति, स्वतन्त्रता, सहिष्णुता, राज्य और धर्म का लगाव आदि मुख्य विचार के बिन्दु थे। अमेरिका स्वतन्त्रता घोषणा (1776), फ्रांस की क्रांति (1789) ईश्वर की जगह मानव की फिक्र; थॉमस पेन ने "मानवता के धर्म" का अनेक बार उल्लेख किया; औगस्ट कोमटे का आदर्श था- दूसरों के लिए जियो, उसने सकारात्मक दर्शन पेश किया ;

*आधुनिक मानववाद:- फेलिक्स एडलर ने 1877 में अमेरिका में एथिकल सोसायटी शुरू की। नैतिकता को धर्म के चंगुल से अलग किया। 1886 में ब्रिटेन में एथिकल सोसायटी बनी, जो 1967 में "ब्रिटिश ह्यूमनिस्ट असोसिएशन" कहलाई। 1929 में न्यूयार्क में चार्ल्स पोट्टर ने ह्यूमनिस्ट सोसायटी बनाई। इसके प्रमुख सदस्य थे:- जूलियन हक्सले, अल्बर्ट आइन्स्टाइन, एवा इंगरसोल, थॉमस मन। 1941 में शिकागो में "अमेरिकन ह्यूमनिस्ट असोसिएशन" की स्थापना हुई। 1952 में अंतर्राष्ट्रीय संस्था "इंटरनैशनल ह्यूमनिस्ट एंड एथिकल यूनियन" की स्थापना हुई।

11. ह्यूमनिस्ट मेनिफेस्टो

अभी तक तीन ह्यूमनिस्ट मेनिफेस्टो जारे हो चुके हैं। इन्हें अमेरिकन ह्यूमनिस्ट असोसिएशन ने जारी किया है।

*ह्यूमनिस्ट मेनिफेस्टो 1933

इसे रेमंड ब्रीग समेत 30 लोगों ने तैयार किया। इस पर चार्ल्स पोट्टर, एल. एम. बिर्कहेड और दार्शनिक जॉन डीवी समेत 34 लोगों

ने हस्ताक्षर किए। इस घोषणा-पत्र में मानववाद को भविष्य का एक नया धर्म कहा गया जो सुपरनेचुरल ईश्वर-संदेश पर आधारित सभी पुराने धर्मों की जगह ले लेगा। संगठित धर्मों के विपरीत, मानववाद एक निरंतर आगे बढ़ने वाला आंदोलन है।

इसके कुल 15 बिन्दु हैं, जो सृष्टि-रचना, जैविक और सांस्कृतिक उत्क्रांति (evolution), मानव-स्वभाव, नैतिकता, रिलीजन, और स्वतंत्रता और सामाजिक न्याय की खोज से संबंधित हैं।

*ह्यूमनिस्ट मेनिफेस्टो 1973

इसे पॉल कुर्ट्ज और एडविन एच. विल्सन ने तैयार किया। 17 बिन्दुओं का लंबा दस्तावेज, यह नाजीवाद के अत्याचारों से शुरू होता है, इसमें पहले ह्यूमनिस्ट मेनिफेस्टो का आशावाद बरकरार है कि एक दिन संसार युद्धों और गरीबी से मुक्त हो जाएगा। नस्लवाद और जन-संहारक हथियारों का विरोध किया गया है और मानवाधिकारों का पुरजोर समर्थन किया गया है। इसमें तलाक और जन्म-नियंत्रण को वैध बनाने का सुझाव है।

"कोई देवता हमें नहीं बचाएगा, हमें खुद ही अपने आपको बचाना होगा।"

"हम जो कुछ हैं, उसके लिए खुद ही जिम्मेदार हैं और जो होंगे उसके लिए भी खुद ही जिम्मेदार होंगे।"

*ह्यूमनिस्ट मेनिफेस्टो 2003

यह एक संक्षिप्त दस्तावेज़ है। इसके मुख्य सूत्र निम्नलिखित हैं:-

- संसार का ज्ञान अन्वेषण, प्रयोग और तार्किक विश्लेषण से निकला है

- मनुष्य प्रकृति का अटूट अंग है, क्रम-विकास के बदलाव का परिणाम है।

- नैतिक मूल्य मानवीय जरूरत और रुचियों से निकले हैं।

- जीवन की संपूर्णता व्यक्ति की मानवीय आदर्शों में भागीदारी में निहित है।

- मनुष्य अपने स्वभाव से सामाजिक है और सम्बन्धों में अर्थ ढूँढता है।

- समाज के फायदे के लिए काम करने से व्यक्तिगत खुशियाँ अधिकतम हो जाती हैं।

12. धर्मनिरपेक्ष मानववाद घोषणा-पत्र -1980

इसे काउंसिल फॉर सेकुलर ह्यूमनिज़म ने जारी किया था, जिसकी स्थापना पॉल कुर्ट्ज ने की थी। वे "द ह्यूमनिस्ट" पत्रिका के संपादक रह चुके थे। 1979 में वे इससे अलग हुए और अपना "सेकुलर ह्यूमनिज़म" का आंदोलन शुरू किया। इसके मुख्य बिन्दु हैं:-

1. मुक्तचिंतन 2. चर्च और राज्य का अलगाव 3. स्वतन्त्रता का आदर्श

4. आलोचनात्मक बुद्धि पर आधारित जीवन-मूल्य 5. नैतिक शिक्षा 6. धार्मिक संदेहवाद

7. तर्क 8. विज्ञान और टेक्नोलोजी 9.क्रम-विकास 10. शिक्षा

20वीं सदी में मानववाद शब्द अधिकाधिक सेकुलर मानववाद के अर्थ में ही प्रयुक्त किया जाने लगा और उसके साथ "सेकुलर" विशेषण लगाने की जरूरत नहीं रह गई है। इस विशेषण को अंतर्निहित मान लिया गया। आज का मानववाद विवेकवादी ही नहीं, सेकुलर और निरीश्वरवादी भी है।

13. ह्यूमनिस्ट इंटरनेशनल; एम्स्टर्डम घोषणा-पत्र 2002

दो विश्व युद्धों में हुए भयंकर नर-संहार से सारी दुनिया लहूलुहान हो गई थी। इस माहौल में दुनिया भर के लेखक, दर्शनिकों, विद्वानों ने नई विचारधारा की जरूरत को गहराई से महसूस किया। उन्होंने मिलकर 1952 में एम्स्टर्डम (नीदरलैंड) में मानववादियों की अंतर्राष्ट्रीय संस्था International Humanist & Ethical Union की स्थापना की। यह दुनिया भर के मानववादियों, विवेकवादियों और सेकुलर सोच वाले संगठनों, व्यक्तियों का सांझा मंच है। 2019 से IHEU का नाम बदलकर Humanists International कर दिया गया है।

IHEU की 50वीं वर्षगाँठ पर एम्स्टर्डम घोषणा-पत्र 2002 (Amsterdam Declaration 2002) जारी किया गया, जो आज विश्व-स्तर पर मानववाद को परिभाषित कर रहा है। इसे सभी सदस्य-संस्थाओं ने समर्थन दिया है। जिसमें मुख्य हैं:-

मानववाद मुक्त सोच की एक लंबी परंपरा का परिणाम है; जिसने विश्व के महान चिंतकों को प्रेरणा दी और विज्ञान को बढ़ावा दिया है। आधुनिक मानववाद के मूलभूत सिद्धांत निम्नलिखित हैं :-

1. **मानववाद नैतिक है** (Humanism is ethical):- यह व्यक्ति की संप्रभुता, गरिमा, सम्मान और प्रत्येक मानव के लिए संभव स्वतन्त्रता के अधिकार को मान्य करता है। मानववादियों पर भावी पीढ़ियों सहित सम्पूर्ण मानवता की देखभाल का कर्तव्य है। मानववादी मानते हैं कि नैतिकता मनुष्य के स्वभाव का आवश्यक भाग है जो समझ और दूसरों के प्रति फिक्र पर आधारित है, इसके लिए किसी बाह्य मान्यता की जरूरत नहीं है।

2. **मानववाद तर्कशील है** (Humanism is rational):- यह विज्ञान को सृजनात्मक ढंग से इस्तेमाल करना चाहता है, विध्वंसात्मक ढंग से नहीं। मानववादी मानते हैं कि संसार की समस्याओं का हल मानव विचारों और कार्यों में निहित है, दिव्य हस्तक्षेप में नहीं। मानववाद मानव-कल्याण के लिए विज्ञान और मुक्त अन्वेषण (free inquiry) के तरीकों को लागू करने का समर्थन करता है। लेकिन मानववादी यह भी मानते हैं कि विज्ञान और टेक्नालॉजी मानवीय जीवन-मूल्यों के अनुसार ढलने चाहियें। विज्ञान हमें साधन (means) देता है लेकिन साध्य (ends) मानव जीवन-मूल्य को ही देने होंगे।

3. **मानववाद लोकतन्त्र और मानव-अधिकारों का समर्थन करता है** (Humanism supports democracy and human rights):- मानववाद हर व्यक्ति के अधिकतम संभव विकास का लक्ष्य रखता है। यह मानता है कि लोकतन्त्र और मानव-विकास अधिकार के मामले हैं। लोकतन्त्र और मानवाधिकारों के सिद्धांत कई मानवीय सम्बन्धों में लागू किए जा सकते हैं और ये सरकार तक सीमित नहीं हैं।

4. **मानववाद आग्रह करता है कि व्यक्तिगत स्वतन्त्रता को सामाजिक ज़िम्मेदारी से जोड़ना होगा** (Humanism insists that personal liberty must be combined with social responsibility):-

मानववाद एक ऐसे विश्व का निर्माण करना चाहता है जहाँ व्यक्ति समाज के प्रति जिम्मेदार हो और प्राकृतिक-विश्व पर हमारी निर्भरता और ज़िम्मेदारी को मान्यता देता है। मानववाद गैरजड़वादी (undogmatic) है, अपने अनुयायियों पर कोई संप्रदाय (creed) नहीं थोपता है, इसलिए यह अंधानुकरण (indoctrination) से मुक्त शिक्षा के प्रति कृतसंकल्प है।

5. मानववाद जड़वादी धर्म के विकल्प के लिए व्यापक माँग का जवाब है (Humanism is a response to the widespread demand for an alternative to the dogmatic religion):- संसार के प्रमुख धर्म ईश्वर-संदेशों (Revelations) पर आधारित होने का दावा करते हैं जो हमेशा के लिए तय हैं, और कई धर्म अपनी विश्व-दृष्टि सारी मानवता पर लादना चाहते हैं। मानववाद मान्यता देता है कि संसार का और हमारा ज्ञान अवलोकन (observation), मूल्यांकन, और दोहराव की सतत प्रक्रिया से मिलता है।

6. मानववाद कलात्मक सृजनशीलता और कल्पना को मूल्यवान समझता है (Humanism values artistic creativity and imagination) :- और कला की बदलाव लाने की शक्ति को मानता है। मानववाद व्यक्तिगत विकास के लिए संगीत, साहित्य, दृश्य और कृति वाली कलाओं के महत्त्व को मानता है।

7. मानववाद नैतिक और सृजनात्मक जीवन द्वारा अधिकतम संभव पूर्ति के लक्ष्य के लिए एक जीवन जीने का ढंग (life stance) है। (Humanism is a life stance aiming at maximum possible fulfillment through the cultivation of ethical and creative living):- और हमारे समय की चुनौतियों का सामना नैतिक और तार्किक साधनों से करने का प्रस्ताव देता है। मानववाद हर किसी के लिए हर जगह जीवन जीने का एक तरीका हो सकता है।

हमारा प्राथमिक काम मनुष्य को सरल शब्दों में जागरूक करना है कि मानववाद का उनके लिए क्या अर्थ हो सकता है और यह उनके लिए क्या करता है। मुक्त-अन्वेषण, विज्ञान की शक्ति और शांति के लिए सृजनशील कल्पना का प्रयोग करके हमें विश्वास है कि हम सभी

समस्याओं को हल कर सकते हैं। हम उन सबको आह्वान करते हैं जो इस धारणा से सहमत हैं कि इस कोशिश में हमारे सहभागी बने।

14. भारत में मानववाद (Humanism in India)

ऋग्वेद के नासादीय सूक्त में संदेहवाद का संकेत हुआ है। चार्वाक ने परलोक को नकारा और यहाँ पृथ्वी पर सुखपूर्वक रहने की बात की। उसका लोकायत दर्शन प्राचीन भारत में लोकप्रिय रहा। महात्मा बुद्ध ने भी ईश्वर पर मौन रहना उचित समझा और अपने शिष्यों को अच्छा व्यवहार करने का उपदेश दिया। उन्होंने जाति-प्रथा और वेदों की सत्ता को अस्वीकार किया।

15. भारत में आधुनिक मानववाद

उपरोक्त विचार मानवता की बात तो करते हैं, लेकिन इन्हें हम आज के नजरिए से शुद्ध मानववाद नहीं कह सकते, आधुनिक मानववाद की परंपरा भारत में नई चीज है। आधुनिक मानववाद भारत में यूरोप से आया है।

मानवेंद्र नाथ रॉय (1887-1954) का नव मानववाद
(M.N. Roy's New Humanism)

सबसे पहले मानवेंद्र नाथ रॉय (1887-1954) ने ही भारत में मानववाद का विचार पेश किया था। इसके अनुसार व्यक्ति ही साध्य (end) है, और समाज इसका एक साधन (means) मात्र है, और सभी सामाजिक, राजनीतिक और संबंध व्यक्ति की स्वतन्त्रता के अनुसार ढालने होंगे। व्यक्ति की संप्रभुता को मान्यता देनी होगी। तर्क और विवेक ही व्यक्ति के मार्गदर्शक होंगे। रॉय मजदूर-वर्ग की तानाशाही के मार्क्सवादी सिद्धांत के खिलाफ थे। 1940 में रेडिकल डेमोक्रेटिक पार्टी बनाई। 1946 में New Humanism का विचार प्रस्तुत किया।

1948 तक रॉय और उनके साथी विष्णु महादेव तारकुंडे को महसूस हुआ कि व्यक्ति की स्वतन्त्रता के लिए राजनीतिक दल सही मार्ग नहीं है। फिर उन्होंने पार्टी को भंग करके सामाजिक कार्य शुरू किया। विष्णु महादेव तारकुंडे (1909-2004) एक वकील, मानववादी और नागरिक अधिकारों के कार्यकर्ता थे। उन्हें "भारत के नागरिक अधिकार आंदोलन का पिता" कहा जाता है। वे एम.एन. रॉय के विचारों से प्रभावित थे और

उन्होने 1968 में पुणे में इंडियन रेडिकल ह्यूमनिस्ट एसोसिएशन की स्थापना की। और 1970 में एक पत्रिका "रेडिकल ह्यूमनिज्म" शुरू की।

इंडियन ह्यूमनिस्ट यूनियन (Indian Humanist Union)

नरसिंह नारायण (1897-1972) भी एक प्रमुख मानववादी हुए हैं। वे एक सिविल सर्वेण्ट थे और 1960 में नैनीताल में उन्होने इंडियन ह्यूमनिस्ट यूनियन (IHU) की स्थापना की। नरसिंह नारायण के लेख पत्र-पत्रिकाओं में छपते रहते थे। इनके लेख "A Commonsense Humanism and other Essays"(1996) में संगृहित हैं। इन्होने वर्ल्ड ह्यूमनिस्ट काँग्रेस लंदन (1957), ओस्लो (1962), और बोस्टन (1970) में भाग लिया। आजकल यह संस्था दिल्ली में सक्रिय है।

अर्जक संघ (Arjak Sangh)

अर्जक संघ की स्थापना 1968 में राम स्वरूप वर्मा (1923-1998) ने मानववादी विचारों के आधार पर की थी। वर्मा जी एक लेखक, विचारक और राजनेता थे, वे उत्तर प्रदेश में चरण सिंह सरकार में वित्तमंत्री भी रहे थे। उन्होंने ईश्वर और आत्मा के अस्तित्व से साफ इन्कार किया, और कई पुस्तकें लिखी। ब्राह्मणवाद के जवाब में मानववादी नजरिया पेश किया। अर्जक संघ का नारा है;- "मानववाद की क्या पहचान, मानव-मानव एक समान"

अर्जक संघ के लोग मानववादी तरीके से विवाह आदि का आयोजन करवाते हैं ताकि ब्राह्मणवाद का विकल्प प्रस्तुत किया जा सके।

सत्यशोधक सभा, सूरत (गुजरात)

1979 में स्थापित, यह संस्था दक्षिण गुजरात में लोगों में अंधविश्वास उन्मूलन और तर्क-विवेक-बुद्धि के प्रचार-प्रसार में संलग्न है। वैज्ञानिक सोच पर आधारित अनेक पुस्तकों का प्रकाशन भी किया है।

बाबू गोगीनेनी ग्रुप (हैदराबाद)

बाबू गोगीनेनी जी 1997 से 2003 तक 6 वर्षों तक IHEU के कार्यकारी अध्यक्ष रहे। बाबू गोगीनेनी 2003 के Humanist Manifesto के हस्ताक्षरकर्ताओं में एक हैं। आपने iheu के इतिहास पर एक पुस्तक भी लिखी है।

मानववादी तर्कशील संस्था, उड़ीसा

उड़ीसा की तर्कशील संस्था की स्थापना 1978 में हुई। इस संस्था 2012 में अपना जनाधार बढ़ाने के लिए इसने अपने नाम के साथ "मानववादी" शब्द जोड़ लिया। इस संस्था से जुड़े कार्यकर्ता अंधविश्वास को दूर करने में कार्यरत हैं।

16. मानववाद : रिलीजन का बेहतर विकल्प

रिलीजन के दो रूप:- अच्छा रूप और बुरा रूप। अच्छे रूप में रिलीजन ने लोगों कि सामाजिक, मनोवैज्ञानिक और भावनात्मक जरूरतों को पूरा किया है। जबकि बुरे रूप में इसने लोगों में नफरत और दुश्मनी पैदा की है, निर्दोष लोगों का खून बहाया है। रिलीजन के नाम पर चालाक लोगों (शासक-वर्ग और पुजारी-वर्ग) ने आम आदमी को मूर्ख बनाया है, उसका शोषण किया है।

आज रिलीजन का बेहतर विकल्प है:- मानववाद। इसमें रिलीजन के अच्छे रूप की सभी विशेषताएँ विद्यमान हैं। यह रिलीजन की तरह मनुष्य का मार्गदर्शन कर सकता है। उसकी जिंदगी को अर्थपूर्ण बना सकता है।

17. मानवाधिकार

मानवाधिकार शब्द दो शब्दों से मिलकर बना है। मानव+अधिकार। मानव का अर्थ है:- होमो सैपियंस सैपियंस प्रजाति का सदस्य, आदमी, औरत या कोई बच्चा। अधिकार का अर्थ है:- वह चीज जिसे पाने के आप योग्य हैं, हकदार हैं। इस तरह मानवाधिकार वे अधिकार हैं जो आपको सिर्फ इस कारण मिलते हैं कि आप मानव हो। चाहे आप शिक्षक हो या डॉक्टर, मजदूर हो या किसान, गृहिणी हो या सफाई कर्मचारी, हिन्दू हो या मुस्लिम, अमीर हो या गरीब, गोरे हो या काले। ये अधिकार सार्वभौमिक हैं। किसी वर्ग के विशेषाधिकार (Privileges) नहीं हैं। संयुक्त राष्ट्र सार्वभौमिक घोषणा 10 दिसम्बर 1948 के अनुसार हमारे 30 मानवाधिकार निम्नलिखित हैं:-

1. हम सब जन्म से स्वतंत्र और बराबर हैं। 2. लिंग, नस्ल, धर्म, राष्ट्रीयता का भेदभाव नहीं।

3. जीवन का अधिकार, सुरक्षा का अधिकार 4. कोई किसी मनुष्य को गुलाम नहीं बना सकता।

5. कोई किसी का उत्पीड़न नहीं कर सकता। 6. हर जगह मानव होने के नाते अधिकार।

7. कानून के सम्मुख सब बराबर हैं। 8. मानवाधिकार कानून द्वारा संरक्षित।

9. अनुचित तरीके से कैद नहीं किया जा सकता। 10. अपने बचाव में मुकदमा लड़ने का अधिकार।

11. जब तक आरोप सिद्ध न हो, तब तक निर्दोष। 12. निजता का अधिकार।

13. घूमने-फिरने का अधिकार। 14. दूसरे देश में शरण पाने का अधिकार।

15. राष्ट्रीयता का अधिकार। 16. विवाह करने और परिवार बनाने का अधिकार।

17. संपत्ति का अधिकार। 18. विचार करने, धर्म बदलने का अधिकार।

19. स्वतंत्र अभिव्यक्ति का अधिकार 20. शांतिपूर्ण सभा करने का अधिकार

21. लोकतन्त्र का अधिकार 22. सामाजिक सुरक्षा का अधिकार।

23. मजदूरों के अधिकार। 24. विश्राम का अधिकार।

25. भोजन, वस्त्र, आवास का अधिकार। 26. शिक्षा का अधिकार

27. कॉपीराइट का अधिकार 28. बेहतर दुनिया का अधिकार

29. व्यक्ति के समाज के प्रति कुछ कर्तव्य भी हैं। 30. इन अधिकारों की गलत व्याख्या न की जाये।

इस प्रकार मानवाधिकार बच्चों, बूढ़ों, दिव्यांगों, महिलाओं, अल्पसंख्यक वर्गों, हिंसा से पीड़ित लोगों, छात्रों, अध्यापकों, सैनिकों और यहाँ तक कि कैदियों को संरक्षण देते हैं। मानवाधिकार हम सबको सुरक्षा प्रदान करते हैं। ये समाज को न्यायप्रिय और समानता पर आधारित होने में मददगार होते हैं। 1948 में सार्वभौमिक घोषणा के बावजूद अभी भी सबको ये अधिकार उपलब्ध नहीं हुए हैं। इस घोषणा के

पीछे कानूनी बाध्यता नहीं है। अभी भी बहुत कुछ किया जाना है। लेकिन सभी लोग मानवाधिकारों को पसंद नहीं करते हैं। शासक-वर्ग अपनी निरंकुश-सत्ता को वरीयता देते हैं। हमारे मानवाधिकार निरंतर खतरे में हैं। इसलिए इन्हें बनाए रखने के लिए हमें जागरूक रहना होगा।

18. सच का पता कैसे लगाएँ?

*मनुष्य जिज्ञासु प्राणी:- वह अपने आसपास होने वाली घटनाओं को समझना चाहता है। इसी प्रवृति ने उसे प्रगति-पथ पर इतनी आगे बढ़ाया है।

*सत्य को जानने के लिए हम ज्ञानेंद्रियों (आँख, कान, नाक, जीभ और त्वचा) की मदद लेते हैं। निः संदेह, हमारी ज्ञानेंद्रियाँ हमें कभी-कभी धोखा दे सकती हैं, जैसेः- गर्मी के दिनों में सड़क पर पानी का आभास। लेकिन हम गहन अवलोकन और दूसरों के अनुभवों को जोड़कर पूरा सच जान सकते हैं। *मानववादी सुनी-सुनाई बातों पर भरोसा नहीं करते हैं। किसी ग्रंथ में लिखा है, या किसी महापुरुष ने कही है, केवल इसी कारण किसी बात स्वीकार नहीं करते हैं। ठोस प्रमाण के आधार के आधार पर ही किसी बात को मानते हैं।

*अभी विज्ञान सब कुछ नहीं जान पाया है। बहुत रहस्य अभी जानने बाकी हैं। फिर भी हम किसी अवैज्ञानिक बात पर भरोसा नहीं कर सकते हैं। विज्ञान की खोजबीन लगातार जारी है।

19. हम खुश कैसे रहें?

*हर व्यक्ति खुश रहना चाहता है। कोई दुखी नहीं रहना चाहता। फिर भी सभी लोग सुखी नहीं हैं।

*सृष्टि का कोई निश्चित उद्देश्य नहीं है। हम खुद अपनी जिंदगी के उद्देश्य तय कर सकते हैं।

*खुश रहने के लिए मूलभूत जरूरतें (रोटी, कपड़ा और मकान) पूरी होनी चाहिएँ। इसके अलावा मनुष्य की सामाजिक और भावनात्मक जरूरतें भी होती हैं। उसे रोटी के अलावा सम्मान और स्वीकृति भी चाहिए।

*ब्रट्रेंड रसल का कहना है कि हमें खुश रहने के लिए खुशियों की खेती करनी होगी। खुशियों के लिए जरूरी शर्तें पूरी करनी होंगी। तभी हमारे

जीवन में खुशियाँ आएँगी।

मानववादी मानता है कि हर व्यक्ति विशेष है, खास है। हम अपनी रुचियों, जरूरतों को पहचान कर उस क्षेत्र में काम करके, उपलब्धि प्राप्त करके खुशी पा सकते हैं। जैसे:- किसी को संगीत में रुचि हो सकती है तो किसी को खेल में। इस तरह हम अपने स्वभाव के अनुसार अपना क्षेत्र चुन सकते हैं, जैसे:- खोज-कार्य, खेल, नृत्य, अध्यापन, साहित्य-लेखन, सुधार-आंदोलन में भागीदारी आदि।

*मानववादी लोग खुशी को बहुत महत्त्व देते हैं, Happy Human का लोगो ह्यूमनिज़्म कि निशानी है।

*खुशी का मतलब केवल "इंद्रिय-भोग" नहीं है। इनसे तो खुशी मिलती ही है। इसके अलावा किसी बड़े कार्य में जी-जान से जुटने में भी व्यक्ति खुशी का अनुभव करता है। उदाहरण:- भगत सिंह हँसते-हँसते फाँसी पर चढ़ गया। हम विपत्ति आने पर कष्ट उठाकर भी अपने मित्र की मदद करने में खुशी महसूस करते हैं। इस तरह खुशी की अवधारणा व्यापक है।

20. मृत्यु क्या है?

*मृत्यु एक दुखद घटना, किन्तु एक अटल सच्चाई *इसे स्वीकार करने की जरूरत है।

* मृत्यु पश्चात जीवन नहीं है, परलोक की कल्पना एक झूठी तसल्ली है, कोई स्वर्ग-नर्क नहीं

* मृत्यु से डरना नहीं चाहिए, न ज्यादा शोक करना चाहिए, यह एक अनिवार्य प्राकृतिक घटना

* पारिवारिक सदस्य या मित्र कि मृत्यु हमें झकझोर देती है, इससे उबरने की जरूरत होती है, इसमें समय लगता है।

* व्यक्ति अपनी संतानों और अपने श्रेष्ठ कार्यों के द्वारा जिंदा रहता है।

* जीवन की सीमित अवधि हमें इसे भरपूर जीने का संदेश देती है।

*जीवन अनिश्चितताओं से भरा हुआ है, कुछ बातें निश्चित हैं, मृत्यु इनमें से एक।

* मानववादी को परलोक की चिंता नहीं, यह उसके लिए सुकून की बात

21. एक अच्छा जीवन

*अच्छे जीवन से आशय है एक स्वस्थ और सुखी जीवन।

*लेकिन इसका मतलब केवल "खाओ, पीओ ऐश करो" नहीं है।

*मनुष्य सामाजिक पशु है। हम लंबे समय तक अकेले खुश नहीं रह सकते हैं। परिवार और मित्रों में खुशी बाँटकर हम अपनी खुशी को दुगुना कर सकते हैं। * हम झूठ बोलकर, दूसरों को ठग कर अधिक देर तक खुश नहीं रह सकते हैं। अपराध-बोध हमें कुंठित और उदास बना देता है। * जियो और जीने दो।

22. नैतिकता क्या है? हम अच्छे क्यों बने?

*नैतिकता का अर्थ है अच्छा व्यवहार। अच्छे व्यवहार के पैमाने हर देश में, हर समाज में अलग-अलग हो सकते हैं, उदाहरण के लिए कोई मांसाहार को बुरा मानता है और कोई इसे बुरा नहीं मानता है। किसी समाज में पुरुषों का बहू-विवाह करना गलत माना जाता है, तो कहीं इसे सामाजिक मान्यता प्राप्त है। फिर भी मुख्य बातों में सारे मानव-समाज में आम सहमति पाई जाती है, जैसे चोरी को ज्यादातर संस्कृतियों में गलत कृत्य माना जाता है। अतिथि-सत्कार, सच बोलना आदि हर समाज में अच्छा माना जाता है। रॉबर्ट इंगरसॉल ने कहा है:- "जिस चीज से मनुष्य की प्रसन्नता में वृद्धि होती है, वह नैतिक है। और जिस चीज से मनुष्य की प्रसन्नता में कमी होती है, वह अनैतिक है।"

* नैतिकता का उद्गम:- नैतिकता किसी ईश्वर-वाणी या किसी धर्म-ग्रंथ से नहीं उपजी है। नैतिकता मनुष्य के अलावा बाकी जीव-जंतुओं में भी पाई जाती है, जैसे चिम्पेंजी, हाथी आदि। यह हमारे क्रमिक-विकास की देन है। आदि मानव मिलकर शिकार करता था, मिलकर दूसरे कबीले का सामना करता था। इस तरह मिल-जुलकर रहन उसके स्वभाव का हिस्सा बन गया। नैतिकता के पैमाने जमाने के अनुसार बदलते रहते हैं, उदाहरण के लिए:- पर्दा-प्रथा, दूध बेचना, जमीन बेचना, स्त्री-शिक्षा आदि।

* अच्छे क्यों बनें:- हमें अच्छा इसलिए बनना है क्योंकि हम दूसरों से अपने लिए अच्छे व्यवहार की उम्मीद रखते हैं। (*स्वर्णिम नियम:- हम दूसरों से ऐसा सलूक करें, जैसा खुद के लिए चाहते हैं। महाभारत, बाइबिल, चीनी परंपरा*) कोई ऐसे समाज में रहना नहीं चाहता है जहाँ जान-माल सुरक्षित न हों, जहाँ बहू-बेटी की इज्जत को खतरा हो, जहाँ मान-सम्मान न मिलता हो। हमें ऐसे समाज में रहने चाहते हैं जहाँ सुरक्षा, हो, नागरिक सुविधाएँ हों। ऐसा समाज हम सबको मिलकर बनाना होगा। इसके लिए हमें सामूहिक प्रयत्न करने होंगे।

23 धर्म और नैतिकता

कुछ लोगों को लगता है कि नैतिकता को बनाए रखने के लिए ईश्वर का डर रहना जरूरी है। इसके अभाव में मानव स्वच्छंद होकर कुछ भी कर बैठेगा। इसलिए ईश्वर का, नरक का भय जरूरी है। यह बचकाना बातें हैं। ईश्वर के अस्तित्व को माने बिना भी हम नैतिक-जीवन जी सकते हैं।यह संभव है। क्या लालच या डर पर आधारित नैतिकता को हम सच्ची नैतिकता कह सकते हैं? हरगिज नहीं। सच्ची नैतिकता बिना डर के स्वेच्छा से आती है। हमें भूख-प्यास का एहसास हैं इसलिए हम भूखे-प्यासे लोगों की सहायता करते हैं।

हर धर्म खुद को नैतिकता का ठेकेदार समझता है। नास्तिक व्यक्ति को अनैतिक और बुरा समझा जाता है। लेकिन आज यह साबित हो चुका है कि नास्तिक व्यक्ति भी प्रामाणिक, सच्चा और ईमानदार हो सकता है, उदाहरण:- जवाहरलाल नेहरू, भगत सिंह, गोरा, अब्राहम कोवूर, श्रीराम लागू, वर्गीज़ कुरियन, बैचुंग भूटिया आदि। दूसरी ओर, एक धार्मिक व्यक्ति भी झूठा, बुरा और धोखेबाज हो सकता है, उदाहरण:- आसाराम, रामरहीम आदि। *समाज कानून का उल्लंघन करने वालों को सजा देता है, परिवार में यह प्रावधान रहता है। इसलिए ईश्वर में विश्वास किए बिना भी हम नियमों में रह सकते हैं। इसके बिना स्वस्थ समाज नहीं पनप सकता है।

*इसी कारण मानववादी घोषणा-2002 के बिन्दु 4 में व्यक्तिगत स्वतन्त्रता को सामाजिक ज़िम्मेदारी के साथ जोड़ने पर बल दिया गया है।

24. लोकतन्त्र का महत्त्व

*अनेक प्रकार की शासन प्रणालियाँ—राजतंत्र (Monarchy), सैनिक तानाशाही (Military Dictatorship), धर्मतंत्र (Theocracy) लोकतन्त्र आदि। इनमें लोकतन्त्र सबसे उत्तम है। *अब्राहम लिंकन की परिभाषा "लोगों की, लोगों के लिए, लोगों के द्वारा" पहले राजा होते थे। उन्होंने पुजारी-वर्ग से साठगाँठ करते हुए अपने दिव्य-अधिकारों की घोषणा की। धरती पर राजा को ईश्वर का प्रतिनिधि माना गया। राजा अच्छे-बुरे दोनों प्रकार के होते थे। लेकिन आम आदमी कभी राजा नहीं बन सकता था। केवल राजा का पुत्र ही राजा बन सकता था। *लोकतन्त्र में आम आदमी भी अपनी योग्यता के आधार पर शासन का मुखिया बन सकता है। *प्राचीन काल में यूनान, भारत आदि में कहीं-कहीं लोकतन्त्र आधारित राज्य पाये जाते थे, 18वीं सदी से लोकतन्त्र बड़े पैमाने पर फैलना शुरू हुआ *हिटलर की तरह कई शासक लोकतन्त्र के द्वारा सत्ता पाकर बाद में अपनी तानाशाही कायम कर लेते हैं। इसलिए जनता को सतत जागरूक रहना की जरूरत होती है। *लोकतन्त्र के लाभ:- जनता का शासन, अभिव्यक्ति की स्वतन्त्रता, जन-कल्याण *हानियाँ:- चुनावों पर खर्च, जनता जागरूक न हो तो भीड़-तंत्र में बादल जाता है, *तमाम कमियों के होते हुए भी लोकतन्त्र सबसे उत्तम शासन-प्रणाली

25. सेकुलरिज़्म

*सेकुलर राज्य में रिलीजन और राज्य में अलगाव होता है। इसके अनुसार धर्म के मामलों में राज्य को दखल-अंदाजी नहीं करनी चाहिए, इसी प्रकार राज्य के मामलों में धर्म को कोई हस्तक्षेप नहीं करना चाहिए। *पहले जीवन का हर क्षेत्र धर्म के अंतर्गत था। लेकिन धीरे-धीरे शिक्षा, स्वास्थ्य, न्याय आदि अनेक क्षेत्र धर्म के दायरे से बाहर निकल गए। *सेकुलर शब्द का प्रयोग सर्वप्रथम होलियोक ने इंग्लैंड में किया। उसने हर मामले में चर्च के दखल पर ऐतराज व्यक्त किया। *अमेरिका ने पहला संविधान-संशोधन (सन 1791) किया था कि, "Congress shall make no law respecting an establishment of religion or prohibiting the free exercise thereof" अर्थात् अमरीकी काँग्रेस ऐसा कोई कानून नहीं बनाएगी जो धर्म पर आधारित हो या धर्म के

मुक्त पालन पर रोक लगता हो। 1802 में अमरीकी राष्ट्रपति थॉमस जेफरसन ने "राज्य और धर्म के अलगाव" की बात काही। *लेकिन भारत में सेकुलर शब्द का अलग ही अर्थ निकाल लिया गया है – सभी धर्मों का सम्मान। यह असली सेकुलरिज़्म नहीं है। इस "भारतीय सेकुलरिज़्म" की आड़ में राजनीतिक पार्टियाँ और सरकारें मजहबी एजेंडे को आगे बढ़ते हैं, वोटों के लालच में मज़हबी परम्पराओं को प्रोत्साहन देते हैं। लोगों की धार्मिक भावनाएँ उभरते हैं। यह सेकुलरिज़्म की मूल भावना के बिल्कुल खिलाफ है। *विवाह, जन्म-नियंत्रण, गर्भपात, महिला अधिकार, धर्म की स्वतन्त्रता, स्त्री-पुरुष समानता आदि मामले शुद्ध रूप से सामाजिक मामले हैं, इन पर किसी मज़हब की दखल अंदाजी नहीं होनी चाहिए। * विश्व भर के मानववादी इस बार पर सहमत हैं कि धर्म और राज्य के बीच एक स्पष्ट भेद-रेखा होनी चाहिए।

26. अभिव्यक्ति की स्वतन्त्रता

लोकतन्त्र सबसे अच्छी शासन-प्रणाली, अभिव्यक्ति की स्वतन्त्रता इसके लिए अनिवार्य शर्त *सरकार या किसी विचार की आलोचना करने का अधिकार *अपने विचारों का शांतिपूर्ण ढंग से प्रचार करने का अधिकार *बोल कि लब आज़ाद हैं तेरे, प्रैस लोकतन्त्र का चौथा स्तम्भ, इसके अभाव में सरकारें तानाशाह बन जाती हैं *स्वतन्त्रता का पर्याय है बोलने की आज़ादी, यह एक मानवाधिकार है *इसके बिना सत्य तक पहुँचना असंभव है, नए ज्ञान, नई खोज के लिए नए विचारों पर खुली बहस जरूरी है। *धर्म और राज्य अपने-अपने तरीके से अभिव्यक्ति पर अंकुश लगाते हैं। *संयमित और शिष्ट भाषा में अपनी बात कहनी चाहिए *लेकिन भावना आहत होने के बहाने इसको सीमित करना गलत है *नेताओं के कार्टून बनते हैं, व्यंग्य-लेख छपते हैं, विपक्ष सरकार की विफलता को उजागर करता है *अभिव्यक्ति की स्वतन्त्रता नागरिकों का अधिकार और सरकारों का दायित्व है।

27. धर्मों का संक्षिप्त इतिहास

*मानव-जाति के उद्भव का इतिहास लगभग 40 लाख वर्षों का है। *जबकि धर्म (रिलीजन) का इतिहास केवल 8000 से 10000 वर्ष पुराना है। *पहले आदि मानव हिंसक जानवरों से बचने के लिये पेड़ों पर रहता

था। कभी-कभार ही जमीन पर उतरता था। कच्चा मांस और कंदमूल फल खाता था। मनुष्य भी प्राणी जगत का ही हिस्सा है लाखों वर्ष की प्रक्रिया में मनुष्य ने पैरों के बल चलना सीखा और हाथों से चीजों को पकड़ना सीखा और इन्हें औजारों के रूप में इस्तेमाल करना सीखा। *आग और पहिया मनुष्य की महत्वपूर्ण खोज:- इससे उसके जीवन में बड़े क्रांतिकारी बदलाव आए। आग के कारण उसे हिंसक जानवरों से सुरक्षा मिली और उसने भोजन को पकाकर खाना शुरू कर दिया। अब मनुष्य खेती करने लगा। भाषा के विकास से उसकी सोचने-विचारने की शक्ति काफी बढ़ गई। *उसने आसपास की चीजों के बारे में सोचना शुरू किया। बादलों की गर्जन, वर्षा, बिजली का चमकना, बाढ़, तूफान, बीमारी और मृत्यु आदि उसे हैरान कर देते थे। ये उसकी समझ से परे थे। उसने डर के मारे उनको पूजना शुरू कर दिया। बर्ट्रेण्ड रसल लिखते हैं "धर्म का, मेरे विचार से, पहला और मुख्य आधार भय है। कुछ अज्ञात के प्रति दहशत और कुछ इसलिए कि हमारी कठिनाइयों एवं झगड़ों के दौरान हमारा साथ देने वाला एक बड़े भाई के समान कोई है – यह महसूस करने का भाव धर्म को आधार देता है।"

यह शुरुआती धर्म था:- प्रकृति-पूजा (Animism) सूर्य की पूजा, चाँद-तारों की पूजा, अग्नि के पूजा, वायु की पूजा, साँप-पीपल आदि की पूजा। इसी से अलग-अलग देवी-देवता अस्तित्व में आए। बेबीलोन में इनलील (Inlil), मरदुक (Marduk), मिस्र में अतोन (Aton), भारत में ब्रह्मा(Brahma), विष्णु(Vishnu), यूनान में जेयस (Jeus), रोम में जुपिटर (Jupiter), इस्राइल में जेहोवा (Jehovah) पश्चिमी यूरोप में थोर(Thor) आदि। इस तरह बहुदेववाद (Polytheism) धर्म की दूसरी अवस्था थी।

रिलीजन का क्रम-विकास

Animism   >Polytheism   >Monotheism   >Deism
>Agnosticism >Atheism >Humanism

प्रकृति-पूजा >बहुदेववाद >एकेश्वरवाद >तटस्थेश्वरवाद >संशयवाद
>अनीश्वरवाद > मानववाद

*फिर धर्म की तीसरी अवस्था आई:- एकेश्वरवाद (Monotheism), इसे बहुदेववाद के मुक़ाबले में बहुत अच्छा सद्गुण (Virtue) माना गया। सबसे पहले एकेश्वरवाद का प्रयास 1370 बीसीई में मिस्र के फेरोआ अखेनातेन ने किया। उसने सूर्य देवता को छोड़कर सभी देवी-देवताओं की पूजा पर रोक लगा दी। उसका यह प्रयास 20 वर्ष तक जारी रहा। उसके बाद पुनः बहुदेववाद प्रचलित हो गया। ईरान में जुरथ्रुष्ट्र ने एकेश्वरवाद पर आधारित पारसी धर्म चलाया। इसके बाद अब्राहम के विचारों पर आधारित यहूदी धर्म भी एकेश्वरवाद पर आधारित था। ईसाई मत और मोहम्मडन मत अब्राहम की शिक्षाओं पर ही बने हैं।

*बहुदेववादी धर्म अपनी प्रकृति से ही सहिष्णु और उदार:- यह एक तथ्य है कि एकेश्वरवाद, जिसे लोग बहुत श्रेष्ठ बात मानते हैं, बहुदेववाद की तुलना में ज्यादा कट्टर और असहनशील होते हैं। क्योंकि वे अपने ही ईश्वर को एकमात्र अच्छा और सच्चा मानते हैं और बाकी के देवी-देवताओं को झूठा मानते हैं। वे दूसरे लोगों के अपने तरीके से पूजा-पाठ करने के अधिकार को दिल से कभी स्वीकार नहीं कर पाते, क्योंकि वे उन्हें भटका हुआ समझते हैं। जबकि बहुदेववादी धर्म आसानी से दूसरों के देवी-देवताओं की शक्तियों को स्वीकार करते हैं और खुशी से उन्हें सहन करते हैं। सभी बहुदेववादी धर्म अपनी प्रकृति से ही सहिष्णु और उदार होते हैं।

*धर्म के नाम पर लाखों निर्दोष लोगों का कत्ल किया गया (जिहाद, क्रूसेड, हिटलर द्वारा यहूदियों का नरसंहार (genocide), भारत का विभाजन, हिन्दू-मुसलमान एक-दूसरे के खून के प्यासे हो गए थे, आज भी दंगे होते रहते हैं।)

28. यूरोपीय रेनेसाँ

*यूरोप में ईसाई धर्म के फैलने के बाद एक हजार वर्ष तक "अंधकार-युग" (चौथी सदी से लेकर 14वीं सदी तक), *चर्च का साम्राज्य, बड़े-बड़े कैथेड्रल बनाए गए। हर जगह पादरी और नन दिखाई देते थे। यूनान के ज्ञान को भुला दिया गया। सारा यूरोप गरीबी, शोषण अन्याय का शिकार था। चर्च ने सदा ही नए विचारों के प्रति शत्रुतापूर्ण रवैया अपनाया। अध्यापकों, वैज्ञानिकों, कवियों, कलाकारों को ईसाइयत से

अलग बात कहने पर प्रताड़ित किया जाता था। अभिव्यक्ति का स्वतन्त्रता बिल्कुल नहीं थी। *14वीं सदी में यूरोप में प्राचीन यूनान के प्रति दुबारा रुचि जगी। इसी को रेनेसाँ (पुनर्जागरण) कहा गया। रेनेसाँ इटली के फ्लोरेन्स शहर से प्रारम्भ हुआ। इरेसमस (1466—1536), लियोनार्डो द विंची (1452-1519), कोपरनिकस (1473-1543), गैलीलियो (1564-1642), रेनी देकार्ते (1586-1650), जॉन लॉक (1632-1704), वोल्टेयर (1694-1778) रूसो (1712-1778) आदि ने चर्च की निरंकुशता के विरुद्ध अपनी आवाज़ बुलंद की। लियोनार्डो द विंची ने मानव शरीर के अध्ययन की वकालत की। जुआन लुईस विवेस (1493-1540) ने अरस्तू के दर्शन में सुधार के लिए निरीक्षण और प्रेक्टिकल पर बल दिया। 148 सीई में छापेखाने की खोज के बाद डच मानववादी इरेसमस ने गोसपाल के लेटिन अनुवाद का मूल ग्रीक से मिलान किया, तो उसे बहुत सारी कमियाँ, संशोधन नज़र आए। उसने बाइबिल के नए अनुवाद लिखने शुरू कर दिये। इसी से प्रोटेस्टेंट आंदोलन की जमीन तैयार हुई। *चर्च ने आसानी से घुटने नहीं टेके, चर्च ने अपना दमन-चक्र तेज कर दिया। धर्म-अदालत (इंक्विजीशन) ने जॉन हस (1415) और ब्रूनो (1600) को जिंदा जलाया गया। गैलीलियो को माफी मांगने पर मजबूर लिया गया। हजारों औरतों को चुड़ैल घोषित करके मार डाला गया।

लेकिन पुनर्जागरण की आँधी रुकने की बजाय और धधक उठी। लोग ईश्वर और ईश्वर के नाम पर चर्च की निरंकुश सत्ता पर सवाल उठाने लगे। इस तरह यूरोप धर्म की बन्दिशों से आजाद होने लगा, इसके लिए दार्शनिकों, विद्वानों ने अपनी जान की बाजी लगा दी। उन्हें तहख़ानों में अंधेरी कोठरियों में रखा गया, सूली पर चढ़ाया गया, आग के हवाले किया गया, उनकी संपति जब्त की गई, कईयों को देश-निकाला दे दिया गया। परंतु उन्होंने झुकना स्वीकार नहीं किया। उनके बलिदान, कष्ट और परिश्रम के बल पर बहुत बदलाव। इंग्लैंड में राजा ने जनता के दबाव के आगे झुक कर कानून के शासन (Rule of Law) के सिद्धांत को मान्य किया और खुद को राजमहल तक सीमित कर लोकतन्त्र की स्थापना में सहयोग दिया। इसे 1688 सीई की गौरवशाली क्रांति कहा

जाता है। 1689 सीई में नागरिकों के अधिकारों का बिल संसद से पास हुआ। लोगों ने मानना शुरू किया कि मनुष्य खुद अपना भाग्य निर्माण करता है। फ्रांस में हुई क्रांति (1789 सीई) से राजशाही को उखाड़ फैका गया और स्वतन्त्रता, समानता, बंधुत्व जैसे रत्न प्राप्त हुए। आज यूरोप, अमेरिका इसी स्वतंत्र चिंतन के मीठे फल चख रहे हैं।

रेनेसाँ से शुरू हुए विचारों से स्वतन्त्र-चिंतन धर्म का विकल्प बना। उनका नजरिया व्यापक हुआ। चर्च-राज्य के अलगाव का सिद्धांत व्यवहार में आया। दूसरी तरफ तुर्की में छापेखाने के खिलाफ दिये गए एक फतवे ने तुर्की को कई सदियों पीछे कर दिया और यूरोप उससे कहीं आगे निकाल गया। इसी ज्ञान-विज्ञान के दम पर यूरोप ने केवल अफ्रीका और पूरे अमेरिका को ही नहीं, बल्कि एशिया को भी जीत लिया। आज दुनिया यूरोपीय सभ्यता और संस्कृति का विस्तार-मात्र (Extension) है, जो कि सम्पूर्ण मानवता के लिए राहत-भरी सौगात है, क्योंकि सारी दुनिया को लोकतन्त्र, न्याय, स्वतन्त्रता, समानता, बंधुत्व, विधि का शासन जैसे अनमोल रत्न प्राप्त हुए।

(ग) सामाजिक महत्त्व के विषय

1. व्यक्तित्व क्या है?

व्यक्तित्व मतलब हमारी छवि, यही हमारी असली कमाई होती है। * व्यक्तित्व के दो प्रकार:- (क) बाह्य व्यक्तित्व (ख) आंतरिक

बाह्य व्यक्तित्व में रंग, चेहरा, कद, कपड़े आदि जबकि आंतरिक व्यक्तित्व में आदतें, गुण आदि शामिल हैं। आंतरिक व्यक्तिव ही हमारा असली व्यक्तिव होता है। हम अपने व्यक्तित्व को बदल सकते हैं। उदाहरण:- गांधी, वाल्मीकि, अब्राहम लिंकन, डॉ. अंबेडकर आदि।

2. समय-प्रबंधन

*समय का महत्त्व समझना जरूरी, हमारा सीमित जीवन, *औसत आयु 75 वर्ष, पहले 15 वर्ष बचपन के निकल गए,10 वर्ष वृद्धावस्था के, शेष 50 वर्ष में भी काफी समय सोने, खाने-पीने में निकल जाता है। इस तरह केवल 15 वर्ष हमारे पास होते हैं। प्रतिदिन 8 घंटे सोने में, 8

घंटे पढ़ाई या ऑफिस में, 4 घंटे नहाने-धोने, खाने-पीने, गपशप आदि में, शेष बचे 4 घंटे ही हमारे जीवन की दिशा तय करते हैं। इसका कुशलता से उपयोग करना जरूरी *तीन तरह के कार्य:- 1. आपातकालीन कार्य:- ऐसे कार्य महत्त्वपूर्ण होते हैं जिन्हें अभी करना जरूरी होता है। अगर इन्हें समय पर नहीं किया गया तो बहुत नुकसान हो सकता है। जैसे, समय पर बस या ट्रेन पकड़ना, अंतिम तिथि पर आयकर जमा कराना या बिल भरना, दाँत-दर्द होने पर डॉक्टर के पास जाना, वाहन खराब होने पर मैकेनिक के पास लेकर जाना आदि।

ये काम शुरू में अर्जेंट नहीं होते हैं। लेकिन हमारे आलस या लापरवाही के कारण अर्जेंट बन जाते हैं। (जैसे दाँत-दर्द, वाहन खराब होना आदि)

2. महत्वपूर्ण कार्य:- ऐसे कार्य महत्वपूर्ण तो होते हैं, लेकिन अभी डेडलाइन नहीं आई है। जैसे:- परीक्षा की तैयारी, बचत करना, सुबह सैर करना, व्यायाम करना आदि। हम इन्हें टालते रहते हैं और ये महत्त्वपूर्ण कार्य बाद में आपातकालीन बन जाते हैं। असल में, यहीं पर time management की सर्वाधिक आवश्यकता होती है। समझदार वही है जो आपातकालीन कार्यों के साथ-साथ महत्त्वपूर्ण कार्यों को भी निबटाता चला जाए। यदि हम महत्वपूर्ण कार्यों को समय पर करने की आदत विकसित कर लें तो आपातकालीन कार्यों की सूची अपने आप छोटी होती चली जाएगी, और कार्य भी ठीक तरीके से सम्पन्न होंगे।

*काम को टालने की आदत को छोड़ें। इससे बहुत नुकसान उठाना पड़ता है।

3. अनावश्यक कार्य:- ये काम न तो अर्जेंट होते हैं और न ही महत्त्वपूर्ण होते हैं। जैसे:- दोस्तों के साथ गप्पे हाँकना, चुगली करना, घंटों टीवी ये फ़ेसबुक देखना, दूर के रिश्ते के विवाह-समारोह में जाना आदि। ये हमारा कीमती समय खराब करते हैं। यहाँ हम समय बचा सकते हैं।

* रात को सोने से पहले दिन-भर का मूल्यांकन करें और अगले दिन की योजना बनाएँ।

*काम आगे टालने की आदत को छोड़ें।

3. मैं कौन हूँ?

*हमारी समाज में अलग-अलग भूमिकाएँ:- परिवार में माता-पिता, पुत्र-पुत्री, भाई-बहिन आदि व्यवसाय के नाते हमारी अलग-अलग पहचान होती हैं:- मजदूर, किसान, व्यापारी, अध्यापक, डॉक्टर, इंजीनियर आदि। धर्म के अनुसार पहचानें:- हिन्दू, मुस्लिम सिक्ख, ईसाई आदि। जाति के अनुसार पहचान:- ब्राह्मण, राजपूत, लुहार, सुनार आदि। क्षेत्र अनुसार पहचान:- बंगाली, बिहारी, हरियाणवी, पंजाबी, मराठी आदि। देश आधारित पहचान:- ब्रिटिश, चीनी, अमेरिकी, जापानी, हिंदुस्तानी आदि। *धर्म अलग तरह से इसका उत्तर देता है, मैं आत्मा हूँ, परमात्मा (ईश्वर) का अंश हूँ आदि *एक ह्यूमनिस्ट इनसे आगे खुद को सबसे पहले मनुष्य (होमो सेपियंस) समझता है, हम प्राणी-जगत का हिस्सा हैं। मनुष्य के अंतर्गत उपर्युक्त सब पहचानें (देश, प्रांत, परिवार, व्यवसाय आदि) अंतर्निहित हैं। *हम पृथ्वी-पुत्र हैं, विश्व-नागरिक की पहचान सही पहचान है, जो केवल अपने देश की चिंता नहीं करता, अपितु पूरे विश्व की चिंता करता है।

4. विद्यार्थी-जीवन

*सीखने की उम्र, कुछ बनने की उम्र, भविष्य की तैयारी *विद्यार्थी-जीवन शुरू के 20 या 25 वर्ष तक चलता है *यही उम्र बिगड़ने की भी होती है, घूमना-फिरना, खाना-पीना अच्छा लगता है, विद्यार्थी के पाँच लक्षण (कौए जैसी कोशिश, बगुले जैसा ध्यान, कुत्ते जैसी नींद, थोड़ा खाने वाला और घर छोड़ने को तैयार) * सावधानी से जीवन को आकार दें और उज्जवल भविष्य की नींव तैयार करें।

5. सफलता कैसे प्राप्त करें?

*पहले लक्ष्य तय करें, क्या करना चाहते हैं (पैसा कमाना, गाड़ी लेना, बड़ा घर आदि उद्देश्य होते हैं, लक्ष्य नहीं; लक्ष्य ऊँचा होना चाहिए जैसे किसी विचारधारा के लिए जीना, मानवता की सेवा, किसी क्षेत्र विशेष में बुलंदी पर पहुँचना, या समाज-परिवर्तन करना आदि) * फिर उस लक्ष्य को पाने के लिए निरंतर प्रयास (खरगोश और कछुए की कहानी), *असफलता से घबराना नहीं, failures are the foundation stones of success. हमेशा आशावादी बने रहें (राजा और मकड़ी की कहानी,

हथौड़े के नौवें वार से दीवार टूटी, लेकिन पहले आठ का भी योगदान है)
*निंदा-प्रशंसा से दूर *मरते दम तक अपने मिशन के लिए जीना

6. सफल वैवाहिक जीवन

*विवाह एक महत्त्वपूर्ण संस्था, इन्सान ने खुद अपनी जरूरत और सुविधा के लिए शुरू की है *इसका उद्देश्य एक सामान्य और सुखी जीवन जीना *जीवन-साथी को सोच-विचारकर चुनें, जाति-धर्म का विचार न करें, रूप-रंग, पैसा-जायदाद पर भी अधिक ध्यान देने की जरूरत नहीं है। गुण-स्वभाव, योग्यता को प्राथमिकता दें *विवाह जन्म-जन्म का पवित्र बंधन नहीं, घुट-घुट जीने से अच्छा है विवाह से बाहर आना *जीवनसाथी को समझें, उसे समय दें और उसकी पसंद-नापसंद का ख्याल रखें *कोई अपेक्षा न रखें *लड़ाई को लंबा न खींचें, सहवास जारी रखें *जीवनसाथी की अच्छी बातों की प्रशंसा कीजिये *बार-बार टोकाटोकी न करें *शक न करें।

7. बच्चों की सही परवरिश

*बच्चों की परवरिश एक कला *बच्चे को आत्म-निर्भर बनाना हमारा उद्देश्य होना चाहिए

(क) छोटे बच्चों की परवरिश

*बच्चों के सभी प्रश्नों का धैर्यपूर्वक उत्तर दीजिये, प्रश्न पूछने को प्रोत्साहित कीजिये, कभी भी गलत उत्तर मत दें, आसान शब्दों में समझाएँ *बच्चे के सारे काम खुद न करें, उसे काम करना सिखाएँ और काम करने के अवसर दीजिये *अच्छी बातों की तारीफ कीजिये, इससे उसे इन्हें बार-बार करने को प्रोत्साहन मिलेगा *बच्चों को हमेशा "ना न कहें, ज्यादातर मामलों में "हाँ" कहिए (आइसक्रीम मांगना, बाहर घूमने के लिए कहना आदि) लेकिन जिस बात के लिए "ना" कहाँ जरूरी हो, फिर उस पर अडिग रहिए, बच्चे के रोने-धोने के आगे मत झुकिए *बच्चे के पीछे लग-लगकर खाना न खिलाएँ, भूख लगने पर बच्चा स्वयं भोजन करता है *ज्यादा लाड़-प्यार करके बच्चे को न बिगाड़ें *बच्चे को अपनी पढ़ाई खुद करने को प्रोत्साहित कीजिये।

(ख) बड़े बच्चों की परवरिश

*किशोरों से उनकी समस्याओं पर चर्चा कीजिये, इससे संबन्धित अच्छी पुस्तकें पढ़ने को दें *बार-बार टोका-टोकी न करें, सलाह मांगने पर अपनी सलाह जरूर दें।

*बच्चो से सेवा की कोई अपेक्षा न रखें, उन्हें बुढ़ापे की लाठी हरगिज न समझें। अपने बुढ़ापे की व्यवस्था करके रखें।

8. वृद्धावस्था में कैसे खुश रहें?

*वृद्धावस्था को स्वीकार करें, बुढ़ापे को अभिशाप न मानें *चलती का नाम गाड़ी, चलते-फिरते रहें, ज्यादा देर सोफ़े, चारपाई पर न बैठे रहें। *रिटायरमेंट के बाद कोई उद्देश्य बनायें, समाज-सेवा या सामुदायिक जीवन, निरुद्देश्य न रहें *दिनचर्या नियमित रखें, समय पर उठें, समय पर सोएँ *जीभ पर नियंत्रण रखें, ईलाज से परहेज अच्छा *स्वस्थ्य साथ दे तो बुढ़ापा जीवन की सबसे उत्तम अवस्था *परिवार और समाज के लिए उपयोगी बने रहें।

9. क्या भूत-प्रेत होते हैं?

*भूत का अर्थ बीता हुआ समय *मृत्यु के बाद कोई जीवन नहीं, भूत-प्रेत भी नहीं होते *अंधेरे से डर के कारण भूतों का एहसास होता है *झाड़-फूँक करने वाले ओझा आम लोगों को इनके नाम पर मूर्ख बनाते हैं *हमें वैज्ञानिक आधार पर सोचना चाहिए और काल्पनिक भूत-प्रेतों से डरना नहीं चाहिए।

10. क्या चमत्कार होते हैं?

*चमत्कार का अर्थ ऐसा कार्य जो प्रकृति के नियमों से बाहर हो, जैसे सेक्स के बिना बच्चा पैदा होना, हवा में चीज का ठहरना यदि। *चमत्कारों का हर धर्म में वर्णन मिलता है (ईसाई धर्म:- ईसामसीह का पानी पर चलना, पालने में ही बातें करना, मुर्दों को जिंदा करना, अंधों को रोशनी देना आदि। हिन्दू धर्म:- हनुमान द्वारा सूरज मुँह में लेना, एक उंगली से पहाड़ उठाना, रावण के दस सिर आदि। मुस्लिम धर्म:- चाँद के दो टुकड़े करना, स्वर्ग की सैर, सिक्ख धर्म:- गुरु नानक द्वारा रोटी से खून और दूध निकालना, पंजा साहिब आदि) इसी आधार पर ढोंगी बाबा अपना प्रभाव जमाते हैं *लेकिन ह्यूमनिस्ट लोग वैज्ञानिक सोच रखते हैं, यह संसार प्राकृतिक है, प्रकृति के विपरीत कुछ नहीं हो सकता है।

कोई चमत्कार नहीं होता, दो और दो हमेशा चार होते हैं *जादू केवल ट्रिक होती है, जिसे अभ्यास से हर कोई कर सकता है। *चमत्कार के नाम पर ठगी का शिकार न हों।

11. भाग्यवाद

*भाग्य का अर्थ ईश्वर द्वारा हमारा जीवन पहले से निश्चित किया जाना (शादी, पैसा, पढ़ाई, संतान आदि) *मनुष्य केवल कठपुतली *भाग्यवाद के नाम पर आम आदमी को बेवकूफ बनाया जाता है (वर्ण-व्यवस्था) *हमारा भाग्य हमारे अपने हाथों में है * परिश्रमी बनें, भाग्यवादी नहीं

12. जातिवाद

*ऋग्वेद में पुरुष सूक्त में चार वर्ण (ब्राह्मण, क्षत्रिय, वैश्य और शूद्र), गीता भी वर्ण-व्यवस्था का समर्थन करती है *इन चार वर्णों से हजारों जातियाँ निकली:- राजपूत, जाट, सुनार, चमार, लुहार, वाल्मीकि, मीणा आदि *जातिवाद हिन्दू धर्म की देन (केवल भारत में, दुनिया में और कहीं नहीं) * जातिवाद से ही अस्पृश्यता (छूआछूत) पैदा हुई *इसके नाम पर लाखों लोगों के साथ अमानवीय व्यवहार किया गया (मंदिरों में प्रवेश नहीं, सार्वजनिक कुओं से पानी पीने की इजाजत नहीं, अन्तर्जातीय विवाहों पर पाबंदी आदि) * स्वतंत्र भारत में छूआछूत पर कानूनी रोक लगी, लेकिन समाज के मानसिकता आज भी जातिवादी बनी हुई है *जातिवाद एक कलंक है, हमें समानता पर आधारित मानवीय समाज की रचना करनी है।

13. सांप्रदायिकता

केवल अपने संप्रदाय की भलाई का विचार, * हम बनाम वो (We vs Them) का विचार सांप्रदयिकता एक ज्वलंत समस्या, समाज में नफरत को बढ़ावा मिलता है *हमें अच्छा नगरिक बनाना है, सांप्रदायिक नहीं बनना *दोषी व्यक्ति को दंड जरूर मिले, लेकिन पूरे संप्रदाय को दोषी मानना गलत *हर संप्रदाय में अच्छे-बुरे लोग होते हैं।

14. अंधविश्वास – कारण और हल

विश्वास का अर्थ है भरोसा, हमें अपने माता-पिता, संबंधियों पर विश्वास होता है। परस्पर विश्वास से ही समाज चलता है *लेकिन किसी

पर अंधा विश्वास ठीक नहीं, सुनी-सुनाई बातों को यूं ही मान लेना ठीक नहीं है *अंधविश्वास के कारण:- अशिक्षा, अविज्ञानिक सोच, सहज-विश्वास

* पहले जानो, फिर मानो, वैज्ञानिक सोच को अपनाओ।

15. भारत की गरीबी, बेरोजगारी दूर कैसे हो?

*गरीबी ईश्वर-कृत या भाग्य में लिखी हुई नहीं, बल्कि मनुष्य-कृत एक सामाजिक समस्या *इसी तरह बेरोजगारी *गरीबी के कारण:- भाग्यवादी सोच, अकर्मण्यता, बड़े परिवार, अशिक्षा, कौशल की कमी, *हल:- सोच को वैज्ञानिक बनायें, मेहनती बनें, भाग्यवादी नहीं, परिवार-नियोजन अपनाएँ, कौशल-विकास, अकर्मण्यता, आलस छोड़ें, किसी भी काम को छोटा न समझें

16. अच्छे नागरिक की पहचान

*नागरिक देश का जिम्मेदार सदस्य (18 वर्ष से ऊपर आयु) *स्कूलों का काम:- अच्छे नागरिक तैयार करना *अच्छा नागरिक देश के कानून का दिल से पालन करता है *अपने अधिकारों के साथ-साथ कर्तव्यों का भी ज्ञान *सार्वजनिक संपत्ति की रक्षा और स्वच्छता में सहयोग *अपने टेक्स ईमानदारी से चुकाये।

17. देशभक्ति बनाम उग्र राष्ट्रवाद

*देशभक्ति एक सहज भावना, अपने मुहल्ले, इलाके, प्रदेश से लगाव स्वाभाविक, अपने देश से प्रेम पर आधारित एक सकारात्मक विचार *इसके उग्र राष्ट्रवाद दूसरे देशों से नफरत पर आधारित एक नकारात्मक विचार * उग्र राष्ट्रवाद के कारण विश्व-युद्ध हुए * ह्यूमनिस्ट विश्व-नागरिक होता है, ग्लोबल विलेज में सभी देशों में आदान-प्रदान जरूरी *कोई भी देश आत्म-निर्भर नहीं

18. तनाव-प्रबंधन

*आज का जीवन तनाव से भरा हुआ है *तनाव से हृदय रोग, उच्च-रक्तचाप, मधुमेह, अनिद्रा आदि होते हैं, इसलिए तनाव-प्रबंधन जरूरी है

कारण:- आधुनिक जीवन शैली में मनुष्य की चुनौतियाँ बढ़ गई हैं, शिक्षा, कैरियर की होड़, महंगाई, कर्ज़ आदि *मनुष्य-शरीर प्रतिक्रिया में

केमिकल रिएक्शन, साँस तेज, दिल की धड़कन बढ़ जाती है, एड्रेनिल ग्रंथि से स्राव, ये केमिकल्स यदि उपयोग नहीं होते हैं तो इससे तनाव पैदा होता है। हम परिस्थिति के साथ समन्वय नहीं बैठा पाते हैं। इससे चिंता बढ़ जाती है।

समाधान:- तनाव सहने की सबकी क्षमता अलग-अलग होती है। पर्याप्त नींद लें। किसी घटना पर सही प्रतिक्रिया दें, घबराएँ नहीं। Don't react, always respond घटना सिर्फ एक घटना होती है। उसका नकारात्मक असर मन पर न आने दें। उसके बुरे पहलू पर बार-बार न सोचें। हमेशा सकारात्मक रहें। गलती होने पर उसे तुरंत स्वीकारे। आगे वह न हो, इसका संकल्प लें। मन में कोई ग्रंथि न पालें। *अति आवश्यक (urgent) कामों को पहले निपटाएँ, महत्त्वपूर्ण कामों को भी साथ-साथ करते जाएँ, अन्यथा वे बाद में अति आवश्यक (urgent) बन जाते हैं और तनाव बढ़ाते हैं। लेकिन इसके लिए पूरे व्यक्तित्व में बदलाव करना जरूरी है। सुख में ज्यादा सुखी नहीं, दुख में ज्यादा दुखी नहीं रहना। *रिलेक्सेसन तकनीक का उपयोग करें *खुद को अच्छे सुझाव दीजिये:- "मुझे तनाव नहीं होता है, मैं खुद तनाव लेता हूँ। अब मैं तनाव नहीं लूँगा।"

19. बच्चों को मोबाइल की लत से कैसे बचाएँ?

आज तकनीक का युग, मोबाइल, कंप्यूटर का प्रयोग बढ़ रहा है, लेकिन इसका अधिक प्रयोग नुकसानदायक हो सकता है, उपाय:- मैदान के खेल खेलने के लिए प्रोत्साहित करें, किताबों में रुचि जगाएँ, खुद भी मोबाइल से दूर रहें, घर के कामों में मदद लें, प्रकृति से दोस्ती कराएँ

*

इसके अलावा ज्वलंत मुद्दों, नवीनतम घटनाक्रम आदि पर भी चर्चा रखी जा सकती है।

*

*

*

सुविचार

(यूनिट की समाप्ति पर "जय इन्सान" के उद्घोष से पहले पीछे बुलवाना)

- काम ही पूजा है (Work is worship)
- शिक्षा दुनिया का सबसे ताकतवर हथियार है, जिससे आप दुनिया को बदल सकते हैं। - नेल्सन मंडेला
- सपने वो नहीं होते जो आप रात को सोते समय देखते हो, सपने वो होते हैं जो आपको सोने नहीं देते। - एपीजे अब्दुल कलाम
- आलस्य मनुष्य के शरीर में रहने वाला सबसे बड़ा शत्रु होता है, परिश्रम जैसा दूसरा कोई मित्र नहीं होता।
- मैं फेल नहीं हुआ हूँ, मैंने 10000 तरीके ढूँढे है जो काम नहीं करते हैं। - थॉमस एडिसन
- मैं तुम्हारे साथ असहमत हो सकता हूँ, लेकिन मैं तुम्हारे अभिव्यक्ति के अधिकार के लिए अपनी जान भी देने के लिए तैयार हूँ। - वोल्टेयर
- महान व्यक्ति विचार की चर्चा करते हैं, औसत व्यक्ति घटनाओं की चर्चा करते हैं, छोटे व्यक्ति लोगों की चर्चा करते हैं। - एलेनोर रूज़वेल्ट
- भाग्य को वही लोग कोसते हैं, जो कर्महीन होते हैं। - जवाहरलाल नेहरू
- हम जैसा सोचते हैं, वैसा ही कार्य करते हैं और अंततः वैसे ही बन जाते हैं, इसलिए हमें सदा सकारात्मक सोचना चाहिए।
- मदद करने वाले हाथ प्रार्थना करने वाले होठों से कहीं बेहतर हैं। - रॉबर्ट ग्रीन इंगरसॉल
- हँसकर भी जीना है, रो कर भी जीना है। जब जीना ही है तो क्यूँ ना हँसते-हँसते जिया जाये। चार्ली चैपलिन
- यदि तुम उड़ नहीं सकते हो, तो दौड़ो। यदि तुम दौड़ नहीं सकते हो, तो चलो। यदि तुम चल नहीं सकते हो, तो रेंगो। लेकिन तुम्हें आगे

बढ़ते रहना है। - मार्टिन लूथर किंग जूनियर

- जीवों की प्रजातियों में, न ही सबसे शक्तिशाली और न सबसे बुद्धिमान बचे रहते हैं। बल्कि वे बचते हैं जो बदलाव के प्रति खुद को ढाल लेने में सबसे अधिक सक्षम होते हैं। - चार्ल्स डार्विन

- जिंदगी अपने दम पर जी जाती है, दूसरों के कंधों पर तो जनाजे निकलते हैं। - भगत सिंह

- मैं उस धर्म को पसंद करता हूँ जो स्वतन्त्रता, समानता और भाईचारा सिखाये। - डॉ. भीमराव अंबेडकर

- जो भी व्यक्ति प्रगति चाहता है, उसे पुरानी मान्यताओं की आलोचना करनी होगी, उस पर अविश्वास करना होगा और उसके प्रत्येक विषय को चुनौती देनी होगी। - भगत सिंह

- कांकर पाथर जोरि के मस्जिद लई बनाय

  तां चढ़ि मुल्ला बाँग दे, का बहिरा हुई खुदाय। - कबीर

- पाथर पूजे हरी मिले, तो मैं पूजूँ पहाड़

  तांते तो चाकी भली, पीस खाय संसार। - कबीर

- अब तो मजहब ऐसा भी चलाया जाये,

  जिसमें इन्सान को इन्सान बनाया जाये। - गोपाल दस नीरज

- कोई हिन्दू, कोई मुस्लिम, कोई ईसाई है,

  सबने इन्सान न बनने की कसम खाई है। - निदा फ़ाज़ली

- मैं एक मानव हूँ, और जो कुछ भी मानवता को प्रभावित करता है, उससे मुझे मतलब है। - भगत सिंह

- बस्ती में अपनी, हिन्दू मुसलमाँ जो बस गए,

इन्साँ की शक्ल देखने को हम तरस गए। - कैफ़ी आज़मी

- केवल परिश्रम ही ऐसी प्रार्थना है जिसका प्रकृति उत्तर देती है। - रॉबर्ट ग्रीन इंगरसॉल
- प्रसन्नता ही अच्छाई है। प्रसन्न रहने का समय अभी है। प्रसन्न रहने का स्थान यही है। प्रसन्न रहने का ढंग है दूसरों को प्रसन्न करना। - रॉबर्ट ग्रीन इंगरसॉल
- बुद्धि बलम गरीयसी (बुद्धि बल से अधिक ताकतवर है।)
- हम एक औसत तारे के छोटे-से ग्रह पर रहने वाली बंदरों की एक उन्नत नस्ल हैं, लेकिन हम ब्रह्मांड को समझ सकते हैं, यह बात हमें खास बनती है। - स्टीफन हाकिंग

(ऐसे और भी सुविचार संकलित करके ह्यूमनिस्ट यूनिट में सुनाये जा सकते हैं, बशर्ते वे मानववाद से सुसंगत हों।)

मानववादी गीत

गीत मानव-मन को आनंदित कर देते हैं। इनके जरिए वैचारिक भावों का भी संचार होता है। धर्मों ने प्राचीन काल से संगीत, भजन आदि के माध्यम से लोगों के हृदय में अपनी गहरी पैठ जमाई है। अब समय आ गया है कि गीतों के द्वारा मानववाद और वैज्ञानिक रुझान पैदा किया जाये। ये गीत ह्यूमनिस्ट यूनिट, साप्ताहिक गोष्ठी, मासिक नगर बैठक और विद्यार्थियों के "ह्यूमनिस्ट अध्ययन-केन्द्रों" में लिए जा सकते हैं। गीत अभ्यास के बाद कंठस्थ हो जाना चाहिए। यूनिट में कार्यकर्ताओं को गीत का अर्थ भी बताना चाहिए।

ऐसा हो संसार हमारा

* ऐसा हो संसार हमारा, ऐसा हो संसार।
जागृत हो जन-जन के मन में, मानवता का प्यार,
    हमारा ऐसा....
* राग-द्वेष का लेश नहीं हो, भय-चिंता अवशेष नहीं हो।

कहीं न हो अन्याय धरा पर, कहीं न अत्याचार।
            हमारा ऐसा....
* भेदों की दीवार नहीं हो, रुद्ध बुद्धि का द्वार नहीं हो।
हों समान अवसर सब ही को, हों समान अधिकार।
            हमारा ऐसा....
* भाव कर्म वाणी स्वतंत्र हो, और प्रेम ही मूलमंत्र हो।
मानव-जीवन की नैया का, हो विवेक पतवार।
            हमारा ऐसा....

हम मानवता अनुयायी हैं, हमने तो बढ़ना सीखा है।
हम मानवता अनुयायी हैं, हमने तो बढ़ना सीखा है।
* लक्ष्य दूर है पथ दुर्गम है, किंतु पहुँचकर ही दम लेंगे।
बाधाओं के गिरि-शिखरों पर हमने तो चढ़ना सीखा है।
            हम मानवता....
* ख्याति प्रतिष्ठा हमें न भाती, केवल मानव की कीर्ति सुहाती।
मानवता हित प्रतिपल जीवन, हमने तो जीना सीखा है।
            हम मानवता....
* अंधकार में बंधु भटकते, पंथ बिना व्याकुल दुख सहते।
पथ-प्रदर्शक दीपक बनकर, हमने तो जलना सीखा है।
            हम मानवता....
* विज्ञान मनुष्य का परम मित्र है, जन-जन को ये बतलाएँगे।
अंधविश्वास, पाखंड है शत्रु, इनसे तो बचना सीखा है।
            हम मानवता...

दसों दिशाओं में जाएँ
* दसों दिशाओं में जाएँ, दल बादल से छा जाएँ।
उमड़-घुमड़ कर हर धरती को-2
नंदन-वन सा लहराएँ, दसों दिशाओं....
* ये मत समझो किसी क्षेत्र को, खाली रह जाने देंगे
दानवता की बेल विषैली कहीं नहीं छाने देंगे

जहाँ कहीं लू झुलसाती- 2
अमृत रिमझिम बरसाएँ। दसों दिशाओं....
* फूल सुकोमल खेती पर हम बिजली नहीं गिराते हैं
किंतु अड़ीले बालू टीले वर्षा में ढह जाते हैं
ध्वंस हमारा काम नहीं -2
अविरल जीवन सरसाएँ। दसों दिशाओं....
* मानव जीवन की स्वतंत्रता नष्ट नहीं होने देंगे
ढोंगी गुरुओं के चक्कर में, सत्य नहीं खोने देंगे
जीवन व्यर्थ करें ना हम-2
प्रेम, आनंद को फैलाएँ। दसों दिशाओं....

मनुष्य के लिए जीएँ, समाज के लिए जीएँ।
    मनुष्य के लिए जीएँ, समाज के लिए जीएँ।
ये धड़कने, ये श्वास हों, सभ्य विश्व के लिए,
सुंदर विश्व के लिए, मनुष्य के....
* गर्व से सभी कहो, मनुष्य हैं हम एक हैं।
जाति-पंथ भिन्नता में स्नेह-सूत्र एक हैं।
शुभ्र रंग की छटा, सप्त रंग है लिए।
    मनुष्य के....
* कोटि-कोटि कंठ से मानवाधिकार गर्जना
नित्य सिद्ध शक्ति से मनुष्यता की अर्चना
सत्यनिष्ठ विज्ञान ही, सुधा है देश के लिए।
    मनुष्य के....
* व्यक्ति-व्यक्ति में जगे, समाज-भक्ति भावना
व्यक्ति को समाज से जोड़ने की साधना।
दाँव पर सभी लगें, सभ्य विश्व के लिए।
    मनुष्य के लिए....
    तू हिन्दू बनेगा न मुसलमान बनेगा
* तू हिन्दू बनेगा न मुसलमान बनेगा,
इन्सान की औलाद है इन्सान बनेगा।

* अच्छा है अभी तक तेरा कुछ नाम नहीं है।

तुझको किसी मजहब से कोई काम नहीं है।

जिस इल्म ने इन्सान को तक्सीम किया है।

उस इल्म का तुझ पर कोई इल्ज़ाम नहीं है।

तू बदले हुए वक्त की पहचान बनेगा।

    इन्सान की औलाद......

* कुदरत ने हर इन्सान को इन्सान बनाया,

हमने उसे हिंदू या मुसलमान बनाया।

कुदरत ने तो बख्शी थी हमें एक ही धरती,

हमने कहीं भारत, कहीं ईरान बनाया।

जो तोड़ दे हर बंध वो तूफान बनेगा।

इन्सान की औलाद...

* नफरत जो सिखाए वो धर्म तेरा नहीं है।

इन्साँ को जो रौंदे वो कदम तेरा नहीं है।

विज्ञान न हो जिसमें वो घर नहीं तेरा।

इन्सानियत न हो जिसमें वो धर्म तेरा नहीं है।

तू अम्न का और सुलह का अरमान बनेगा।

इन्सान की औलाद.....

    प्यार बाँटते चलो, प्यार बाँटते चलो

  * हे प्यार बाँटते चलो, प्यार बाँटते चलो

  क्या हिन्दू क्या मुसलमां हम सब हैं भाई-भाई। प्यार बाँटते....

* प्यार है जिंदगी की निशानी, ये बुजुर्गों का कहना है यारो।

एक ही साज के तार हैं सब, हम को मिल-जुल के रहना है यारो।

हे सोचो, कल क्या थे, देखो, अब क्या हो

तुमको ले न डूबे, कहीं अपनी ये लड़ाई। प्यार बाँटते....

* राम ये है तो रहमान तुम हो, ये है करतार तो जॉन तुम हो।

नाम कुछ हो मगर ये न भूलो, सबसे पहले तो इंसान तुम हो।

हे नन्हे शहजादो, कल के नेताओ

तुमसे हमने क्या-क्या, उम्मीदें हैं लगाई। प्यार बाँटते....

* ये अजंता है वो ताज देखो, हर जगह प्यार की है कहानी।

प्यार सदियों से अब तक अमर है, और हर चीज है आनी-जानी।
हे, जब तक ये दुनिया है, तब तक ये जिंदा है
सबने सर झुकाया जब इनकी याद आई। प्यार बाँटते....
    गलत मत कदम उठाओ

* गलत मत कदम उठाओ, सोचकर चलो,
    विचार कर चलो।
राह की मुसीबतों को पार कर चलो, पार कर चलो।
* हम पे जिम्मेदारियाँ हैं समाज की बड़ी,
हम न बदलें अपनी चाल हर घड़ी घड़ी।
आग ले चलो, चिराग ले चलो।
ये मस्तियों के रंग भरे भाग ले चलो।
गलत मत.....
* मंजिल के मुसाफिर तुझे क्या राह की फिकर,
चट्टान पर तूफान के झोंकों का क्या असर।
ये कौन आ रहा, उजाला छा रहा।
ये कौन मंजिलों पे मंजिलें उठा रहा।
गलत मत.....
* मिल के चलो एक साथ अब नहीं रुको।
बढ़ के चलो एक साथ अब नहीं झुको।
साज करेगा, आवाज करेगा।
हमारी वीरता पे जहां नाज करेगा। गलत मत.....

छोड़ो कल की बातें...
- *प्रेम धवन- फिल्म- हम हिंदुस्तानी - 1960*
    * छोड़ो कल की बातें, कल की बात पुरानी।
नये दौर में लिखेंगे, मिलकर नई कहानी।
हम हिंदुस्तानी -4
* आज पुरानी जंजीरों को तोड़ चुके हैं।
क्या देखें उस मंजिल को जो छोड़ चुके हैं।

चाँद के दर पे जा पहुँचा है आज जमाना।
नये जगत से हम भी नाता जोड़ चुके हैं।
नया खून है नई उमंगे, अब है नई जवानी।
हम हिंदुस्तानी-4
* आओ मेहनत को अपना ईमान बनाएँ।
अपने हाथों को अपना भगवान बनाएँ।
राम की इस धरती को, गौतम की धरती को।
सपनों से भी प्यारा हिंदुस्तान बनाएँ।
नया खून है नई उमंगे, अब है नई जवानी।
हम हिंदुस्तानी-4
* हमको कितने ताजमहल हैं और बनाने।
कितने हैं अजंता हमको और सजाने।
अभी पलटना है रुख कितने दरियाओं का,।
कितने पर्वत राहों से हैं और हटाने।
नया खून है नई उमंगे, अब है नई जवानी।
हम हिंदुस्तानी-4
* हर ज़र्रा है मोती आँख उठाकर देखो।
माटी में सोना है हाथ बढ़ाकर देखो।
सोने की ये गंगा है चाँदी की यमुना।
चाहो तो पत्थर में धान उगाकर देखो।
नया खून है नई उमंगे, अब है नई जवानी।
हम हिंदुस्तानी-4

जीवन में कुछ करना है तो

जीवन में कुछ करना है तो, मन को मारे मत बैठो।
आगे-आगे बढ़ना है तो हिम्मत हारे मत बैठो।
* चलने वाला मंजिल पाता, बैठा पीछे रहता है।
ठहरा पानी सड़ने लगता, बैठा पीछे रहता है।
पाँव मिले चलने की खातिर, पाँव पसारे मत बैठो।
आगे-आगे....
* तेज दौड़ने वाला खरहा दो पल चलकर हार गया।

धीरे-धीरे चलकर कछुआ देखो बाजी मार गया।
चलो कदम से कदम मिलाकर, दूर किनारे मत बैठो
आगे-आगे.....

संगठन गढ़े चलो, सुपांथ पर बढ़े चलो
संगठन गढ़े चलो, सुपंथ पर बढ़े चलो
भला हो जिसमें समाज का, वो काम सब किए चलो
* युग के साथ मिलके सब कदम बढ़ाना सीख लो,
एकता के स्वर में गीत गुनगुनाना सीख लो-2
भूलकर भी मुख से धर्म-जाति की न बात हो,
भाषा-प्रांत के लिए कभी न रक्तपात हो।
फूट का भरा घड़ा है, फोड़कर बढ़े चलो।
भला हो....
* आ रही है आज चारों ओर से यही पुकार,
हम करेंगे त्याग इन्सानियत के लिए अपार-2
कष्ट जो मिलेगा मुस्कुराकर सब सहेंगे हम।
समाज के लिए सदा जिएँगे और मरेंगे हम।
समाज का ही भाग्य अपना भाग्य है ये सोच लो।
भला हो...

स्मरणीय दिवस

12 फरवरी – डार्विन दिवस

28 फरवरी - राष्ट्रीय विज्ञान दिवस

10 अप्रैल – अब्राहम टी. कोवूर जन्मदिवस

21 जून – विश्व मानववादी दिवस

28 सितंबर - भगत सिंह जन्मदिवस

10 दिसंबर – विश्व मानवाधिकार दिवस

Humanist International

www.ingramcontent.com/pod-product-compliance
Lightning Source LLC
Chambersburg PA
CBHW031758150726
47989CB00006B/2773